Klaus Rainer Röhl

Verbotene Trauer

Ende der deutschen Tabus

Mit einem Vorwort von
Erika Steinbach

Universitas

Meiner Großmutter
Helene Neumann

© 2002 by Universitas Verlag in der
F. A. Herbig Verlagsbuchhandlung GmbH, München
Alle Rechte vorbehalten
Schutzumschlag: Wolfgang Heinzel
Umschlagmotiv: AKG, Berlin
Satz: Fotosatz Völkl, Puchheim
Druck: Jos. C. Huber KG, Dießen
Binden: Frauenberger, Neudörfl
Printed in Germany
ISBN: 3-8004-1423-6

INHALT

DER KRIEG GEGEN DIE HÜTTEN

DER GROSSE TRECK

SCHLUSSKAPITEL

*Siebenundfünfzig Jahre nach dem Ende des
Zweiten Weltkriegs betrauern wir fast jede Woche
und in fast jeder deutschen Stadt die Opfer des Hitlerregimes. Das millionenfache Leid der unschuldigen
Opfer der Hitlerdiktatur sollte nie vergessen werden.
Das ist recht so.
Aber diese öffentliche Trauer ist eine geteilte Trauer.
Denn auch viele Millionen unschuldiger Deutscher
wurden Opfer des Krieges gegen das totalitäre Hitler-
Regime. Sie wurden ermordet und vertrieben,
die meisten von ihnen durch ein nicht minder
totalitäres Regime, das Stalins.
Für diese Millionen von deutschen Opfern finden
keine Feiern, keine Festakte und keine Gedenkstunden statt, kein nationales Mahnmal ist auch nur
geplant. Das ist schlecht so.
Schlecht, schlecht, schlecht so.*

VORWORT
von Erika Steinbach

Am 12. März 1944, in tiefster Weltkriegszeit, ergreift Carl Zuckmayer in New York als Emigrant das Wort zu einer öffentlichen Trauerrede für Carlo Mierendorff, der im Dezember 1943 in Leipzig von einer Fliegerbombe getötet wurde. Es war ein Nekrolog, geprägt von tiefer Liebe zu Deutschland, den heute in dieser Intensität kaum jemand in unserem freien, demokratischen Land zu halten wagen würde. Vor der Thematik dieses Buches aber ist es lohnend, sich der Worte Zuckmayers zu erinnern:

»Wenn ein Carlo Mierendorff in Deutschland gelebt, sein Leben lang für das deutsche Volk gewirkt hat und ihm in Not und Leiden treu geblieben ist – dann ist dieses Volk nicht verloren, dann ist es wert zu leben, dann wird es leben … Deutschland, Carlos und unser Vaterland ist durch eine Tragödie gegangen, die so tief und so schaurig ist wie der Tod. Deutschlands Schicksal erinnert an jenes dunkle Christenwort von dem Ärgernis, das in die Welt kommen muss – aber wehe dem, der es in die Welt gebracht hat. Deutschland ist schuldig geworden vor der Welt. Wir aber, die wir es nicht verhindern konnten, gehören in diesem Weltprozess nicht unter seine Richter. Zu seinen Anwälten wird man uns nicht zulassen. So ist unser Platz auf der Zeugenbank, auf der wir Seite an Seite mit unseren Toten sitzen – und bei aller Unversöhnlichkeit gegen seine Peiniger und Henker werden wir Wort und Stimme immer für das deutsche Volk erheben.«

Diese Rede Zuckmayers wurde in Gegenwart zweier amerikanischer Beamter des Geheimdienstes, die der deutschen Sprache mächtig waren, gehalten. Sie hinderten den Emigranten nicht, inmitten der härtesten Kriegszeit solche patriotischen Worte zu sprechen. Daran zu erinnern scheint notwendig.

Klaus Rainer Röhl erhebt mit der »Verbotenen Trauer« seine Stimme als Zeuge für deutsche Schicksale. Er mahnt uns damit, sich der Defizite und ihrer Ursachen in unserer Erinnerungskultur endlich bewusst zu werden. Diese Mahnung ist zugleich der Weckruf eines Zeitzeugen. Er macht deutlich, aufgrund welcher Rahmenbedingungen Deutschland zu einem Fall für den Psychiater geworden ist und sich selbst darin sogar gefällt.

»Es ist gut, dass wir um die Toten anderer Länder trauern, die dem Krieg zum Opfer fielen, der von Deutschland ausgegangen war. Aber wir sollten dabei die eigenen Toten nicht übergehen, sollten ihrer gedenken, weil sie am meisten vergessen sind und, wenn wir uns nicht ihrer erinnern in einer kalten Welt, keine anderen Freunde haben«, mahnte schon Arnulf Bering. Die harte Trauerlosigkeit in weiten Teilen unserer Gesellschaft über Jahrzehnte gegenüber schuldlosen Opfern des eigenen Volks ist beschämend. Das Klima beginnt sich zu wandeln.

Klaus Rainer Röhl trägt dazu bei, die Tränen nicht herzlos zu unterdrücken.

EINLEITUNG

1.
»Das deutsche Volk ist meiner nicht würdig.« Hitlers letzte Tage und die – fast – verbrannte Erde

Hitler soll kurz vor Ende des Zweiten Weltkriegs zu seinem engsten Mitarbeiter, Albert Speer, gesagt haben, das deutsche Volk sei seiner historischen Aufgabe nicht würdig gewesen, seinetwegen könne es ruhig untergehen. Obwohl diese Äußerung von Albert Speer vor dem Nürnberger Gerichtshof bezeugt wurde[1] und als glaubwürdig gilt, ist sie wohl eher einem seiner vielen Wutausbrüche nach den Berichten über die völlig verzweifelte militärische Lage zuzuschreiben, als dass sie seine langfristige Überzeugung zum Ausdruck bringt, jedenfalls steht diese Meinung im Gegensatz zu Hitlers Testament, das er am 29. April 1945, dem Tag seines Selbstmords, diktierte und in dem er voraussagt, dass »in der deutschen Geschichte so oder so einmal der Samen aufgehen *(wird)* zur strahlenden Wiedergeburt der nationalsozialistischen Bewegung und damit zur Verwirklichung einer wahren Volksgemeinschaft«[2]. Für sich selbst sah er keinen Ausweg mehr, nachdem seine und Goebbels' Hoffnungen auf ein zweites »Wunder des Hauses Brandenburg«, die am 12. April 1945 aufgekommen waren, sogleich wieder zerstoben waren. Das Wunder war ausgeblieben.

Ein von den Zeitgenossen so genanntes Mirakel oder »Wunder des Hauses Brandenburg« hatte einst Friedrich den Großen in aussichtsloser militärischer Lage vor dem Untergang gerettet.

1762, nach verheerenden Niederlagen gegen die Allianz

aus Russland, Österreich und Frankreich, schien die Lage Preußens aussichtslos, eine Kapitulation unvermeidlich. Da starb am 12. Februar 1762 die Zarin von Russland, Elisabeth. Der neue Zar schied aus der Allianz aus und schloss sogar ein Bündnis mit Preußen. Friedrich II. war gerettet und wurde eigentlich jetzt erst legendär und zu Friedrich dem Großen.

Als im Frühjahr 1945 bekannt wurde, dass in der Anti-Hitler-Koalition schwere Differenzen zwischen den westlichen Alliierten und Stalin aufgetreten waren, richteten sich verzweifelte Hoffnungen im Führerbunker auf ein Ausbrechen dieser Spannungen *vor* Kriegsende und damit auf die Möglichkeit, doch noch einen Separatfrieden mit den Westmächten oder einen Waffenstillstand zu erreichen und wenigstens die bedingungslose Kapitulation zu vermeiden.[3] Tatsächlich starb unmittelbar vor Kriegsende, am 12. April 1945, der amerikanische Präsident Roosevelt an einem Gehirnschlag, und für ein paar Stunden mag sich Hitler, der ohnehin gerne eine »Vorsehung« zu seinen Gunsten am Werke sah, an die letzte verzweifelte Hoffnung auf ein zweites »Wunder des Hauses Brandenburg« geklammert haben.[4] Jedenfalls bestellte Goebbels schon Champagner und gratulierte seinem Führer zu diesem Wendepunkt, berichtete später eine seiner Sekretärinnen.[5] Doch Harry S. Truman wurde einen Tag später als Nachfolger vereidigt, und der Krieg gegen Deutschland ging in unverminderter Härte weiter. Eine Hoffnung auf kriegsentscheidende »Wunderwaffen«, über deren Existenz oder Vorbereitung Goebbels unter der Hand Gerüchte ausstreuen ließ, hatte außer ein paar Fünfzehnjährigen niemand mehr. Das Spiel war aus. Es gab keine Wunderwaffen mehr in diesem Krieg. Zwar gab es immer noch, sogar Ende 1944, erstaunliche kriegstechnische Neuerungen wie die ersten düsengetriebenen Flugzeuge und neue U-Boote, die ständig unter Wasser operieren konnten, doch handelte es sich um Prototypen, die die Niederlage nicht mehr abwenden konnten – auch die neuen Düsenjäger und

14

U-Boote mussten in großen Stückzahlen produziert und – betankt werden. Wunderwaffen waren sie ohnehin nicht. Die meisten Deutschen machten sich denn auch lustig über Goebbels' vage Andeutungen über die neuen Wunderwaffen, die er gesehen haben wollte, mit Witzen wie diesem: »*Mein Führer, ich habe soeben die neuen Panzer gesehen, hundert Panzer und noch einmal tausend Panzer – macht zusammen hunderttausend Panzer!*«

Die Wirklichkeit sah anders aus: An einem der letzten Tage beschwor Hitler einen der wenigen Generale, denen er noch vertraute, sofort Panzerreserven in den Kampf um Berlin zu werfen, und fragte am Ende kleinlaut, mit wie vielen Panzern er rechnen könne. Darauf antwortete ihm der Offizier, es seien zurzeit in Sennelager noch fünf Reparaturpanzer vom Typ Panther vorhanden, die in zwei Tagen eingesetzt werden könnten! Der Herrscher, der einst tatsächlich über 100.000 Panzer und Millionen Soldaten vom Nordkap bis El Alamein gebot, und fünf kaputte Panzer – jetzt wusste er, dass es *aus* war. Jetzt müsste er sich erschießen, wollte er nicht das Schicksal des *Duce* erleiden, den italienische Widerstandskämpfer am 29. April 1945 am Comer See gefangen genommen, erschossen und auf dem Marktplatz Piazzale Loreto in Mailand vor einer jubelnden, lynchlüsternen Menschenmenge an den Füßen aufgehängt hatten.

Das Urteil Hitlers über die Deutschen, über das Speer berichtet hat, veranlasste den Diktator, auch für das deutsche Reichsgebiet eine Politik der »verbrannten Erde« zu befehlen, die der 38-jährige Lieblingsarchitekt des Führers sogar selbst durchführen sollte. Speer dachte jedoch von Anfang an nicht daran, die Befehle zur Zerstörung aller Lebensgrundlagen der Bevölkerung auch auszuführen. Stattdessen verfasste er eine Denkschrift, in der er darlegte, dass es Hitlers Pflicht sei, »*dem Volk alle Möglichkeiten zu lassen, die ihm in fernerer Zukunft wieder einen neuen Aufbau sichern könnten*«. Darauf reagierte Hitler, nach den Worten

Speers, verbittert und verärgert mit folgenden Worten: »*Wenn der Krieg verloren ist, wird auch das Volk verloren sein ... Denn das Volk hätte sich als das schwächere erwiesen, und dem stärkeren Ostvolk gehöre dann ausschließlich die Zukunft. Was nach dem Kampf übrig bleibe, seien ohnehin nur die Minderwertigen, denn die Guten seien gefallen.*«

Doch der geniale junge Architekt, der unbekümmert und sich des Wohlwollens Hitlers sicher war und den keinerlei Ängste wie die anderen Paladine um den »Führer« plagten, ignorierte – oder sabotierte einfach die meisten der Anordnungen Hitlers wie Befehle zur Zerstörung von Kraftwerken und Brücken, Sprengung von Dämmen oder das Fluten von Kohlengruben. Als er am 21. April, noch einmal in den Führerbunker zurückgekehrt, Hitler gestand, dass er dessen Anordnungen zur Zerstörung nicht ausgeführt, sondern sie sogar mit aller Kraft hintertrieben hatte, hörte der ihm nur stumm zu, »anscheinend tief bewegt«, glaubte Speer später. Er hätte sich »*gefragt, ob er nicht immer instinktiv gewusst habe, dass ich ihm in den letzten Wochen entgegengearbeitet hatte ...*«[6]. Tatsächlich hatte der nicht nur in seinen architektonischen Entwürfen kühne Architekt und »einzige Freund Hitlers« verhindert, dass der Führerbefehl zur »verbrannten Erde« im letzten Kriegsmonat noch mehr lebenswichtige Strukturen des Landes zerstörte. Die Nachkriegsdeutschen hatten allen Grund, ihm dafür dankbar zu sein.

Viel hatten die Luftangriffe der Alliierten ohnehin nicht übrig gelassen. Einiges schon, was im Nachhinein Erstaunen erregte, zum Beispiel fast alle Anlagen der chemischen Industrie, an denen schon vor dem Krieg eine amerikanische Beteiligung bestanden hatte.

Keine »verbrannte Erde« also, die der durch Schlafmangel und Aufputschtabletten bereits schwer geschädigte »Führer« in einer spontanen Aufwallung von Enttäuschung und Selbstmitleid angeordnet hatte. Dabei hatte er sich vielleicht eins gefühlt mit den vielen Helden der deutschen Geschichte, die, am Ende verraten und selbst von ihren besten Freunden verlassen, den Undank des Vaterlandes geerntet hatten. Selbst in der tiefsten Depression – so tief war sie nie, dass er nicht noch eine passende theatralische Pose einnahm – stilisierte er sich zu einem Wiedergänger seines großen Vorbilds Friedrichs des Großen, wenn er zum Beispiel die SS-Division »Sepp Dietrich«, die nach seiner Ansicht nicht bis zur Selbstaufgabe gekämpft hatte, dazu verdammte, ihre Ärmelstreifen mit dem Namen der ruhmreichen Division abzulegen – das erinnert ja nun auffällig an die von Veit Harlan verfilmten Szenen aus dem Siebenjährigen Krieg, in denen Friedrich II. einem legendären Regiment, das in einer bestimmten Schlacht die Flucht angetreten hat, die Rang- und Ehrenzeichen aberkennt und sie den Offizieren teilweise persönlich von der Schulter reißt. Das war auch so eine theatralische Geste, getragen von tief empfundenem Selbstmitleid und sicher ebenso wenig ernst gemeint wie der unsinnige Zerstörungsbefehl vom März. Die Bezeichnung der Deutschen als ein zum Untergang bestimmtes Volk, das keine Zukunft mehr hat und also, ganz wie Oswald Spengler es in seinem »Untergang des Abendlands« befürchtet hatte[7], dem reinen Gelddenken verfallen und an Bedeutung verlieren würde, entsprach sicher auch nur einer flüchtigen Anwandlung von Verbitterung und Überschätzung der eigenen Person. Hatte es aber nicht in einem der meist gesungenen Lieder der Hitlerjugend geheißen: »*Ein Volk hat hundert Ernten / und geht hundertmal zur Saat*«?[8]

Der Wutausbruch sagt zwar einiges über die verzweifelte Lage Hitlers aus, aber nichts über seine langfristige Einschätzung der Zeit nach seinem Ende. Die stand in seinem politischen Testament vom 2. April 1945:

»*Nach einer Niederlage des Reiches wird es … nur noch zwei Mächte in der Welt geben, die einander ebenbürtig gegenübertreten können: die Vereinigten Staaten und Sow-*

jetrussland. Durch die Gesetze der Geschichte und der geografischen Lage ist es diesen beiden Kolossen bestimmt, ihre Kräfte zu messen, sei es auf militärischem, sei es auch nur auf wirtschaftlichem und ideologischem Gebiet. Aus der gleichen Gesetzmäßigkeit müssen beide Feinde eines unabhängigen Europas sein. Amerika wie Sowjetrussland aber werden sich notwendigerweise über kurz oder lang den Beistand des einzigen großen Volkes, das in Europa diesen Krieg überdauern wird, sichern wollen.« Alan Bullock, der 1991 in seinem Buch »Hitler und Stalin« dieses Zitat aus dem »Politischen Testament Hitlers« mitteilt, fügt hinzu: *»Es sollte sich zeigen, dass Hitler mit seiner Voraussage der Wahrheit näher kam als die drei alliierten Führer mit ihrer Bekundung von Jalta.«*[9]

2.
Warum die Deutschen bis 1945 weiter-kämpften. Die von außen erzwungene Volksgemeinschaft

Warum hielten die Deutschen zu Hitler, buchstäblich bis zu seiner letzten Stunde? Obwohl er in Polen den Zweiten Weltkrieg begonnen hatte, trotz des unendlichen Leids, das er damit über die Völker Europas gebracht hatte, darunter den Tod fast aller europäischen Juden. Diese Frage stellen sich auch noch im Jahr 2002, mehr als 57 Jahre nach Kriegsende, Wissenschaftler, Politiker, Schriftsteller und Fernsehfilmer.

Worauf beruhte Hitlers Anziehungskraft – bis heute? Magazine wie der *SPIEGEL* verkaufen mit einem Hitler-Titelbild mehr Auflage als selbst mit Bin Laden, und Filmemacher wie Guido Knopp erreichen mit immer neuen Hitlerfilmen höchste Einschaltquoten. Keineswegs nur bei älteren Leuten.

Hitler hatte schon vor der Bildung einer rechten Koalitionsregierung unter seiner Kanzlerschaft im Januar 1933 bewiesen, dass er Menschen faszinieren konnte. Dass er nicht nur die Massen in seinen überfüllten Großkundgebungen begeistern, sondern auch Politiker, Wirtschaftsführer und Militärs in persönlichem Gespräch überzeugen konnte. Doch war es gar nicht nur seine persönliche Ausstrahlung, sondern die Einfachheit seines Programms, das die Deutschen überzeugte. Dessen wichtigster Bestandteil war das Versprechen, die Arbeitslosigkeit zu beseitigen und die Aufkündigung des von allen – auch von den deutschen Kommunisten – als demütigend empfundenen Versailler Diktatfriedens. Als dessen Folge mochte auch noch die Forderung nach einer Eingliederung Danzigs und, nach einem Ultimatum, der Feldzug gegen Polen erscheinen.

In den ersten zwei Jahren des Krieges war es eine allge-

meine, alle Schichten des Volkes, darunter viele Intellektu-
elle und *alle* Offiziere erfassende Begeisterung für das
traumhafte Kriegsglück und Organisationsgeschick ihres
obersten Kriegsherrn, dem auch jene Erfolge zugeschrieben
wurden, die auf den Anstrengungen der deutschen Genera-
lität und der Rüstungsindustrie beruhten, die sich, nach den
Erfahrungen des Ersten Weltkriegs, jahrelang auf einen
Krieg vorbereitet hatten.

Aber auch später, nach Stalingrad und dem Beginn der
Rückzüge an allen Fronten und der zunehmenden Zerstörung fast aller deutschen Großstädte, ja noch im Inferno
der letzten Kriegsmonate, blieb ein Vertrauen zu Hitler – als
Person – bestehen. Es drückte weniger einen Glauben an
einen mit außergewöhnlichen Kräften begabten »Führer«
aus noch, wie heute in den populären Fernsehserien unter-
stellt und durch effektvoll montierte und willkürlich kom-
mentierte Wochenschau-Aufnahmen von damals scheinbar
»belegt«, einen kollektiven Massenwahn.

Eher war es der Ausdruck einer verzweifelten Hoffnung
auf ein halbwegs erträgliches Ende des Krieges mit all seinen
Schrecken. Auch das traute man ihm zu. Dazu kam der
Wunsch, für den verlorenen Krieg und die in groben Umris-
sen weithin bekannten Zustände in den Konzentrations-
lagern selbst nicht verantwortlich zu sein, sondern einer
mehr oder weniger anonymen Gruppe von SS-Führern, wie
dem wenig beliebten Himmler, für die von fast allen wenigstens vermuteten Verbrechen die Schuld zu geben. »*Das hat
der Führer nicht gewusst!*«, sagten in der Tat viele Deutsche
nach dem Krieg, als die Existenz von Vernichtungslagern
nicht mehr zu leugnen war. Gemeint war damit auch: Das
habe *ich* nicht gewusst.

Aber das ist nur ein Teil der halben Wahrheit.

Was damals die Kriegsgegner erschreckte und heute die
jüngeren Historiker erstaunt, die zähe Beharrlichkeit, mit
der praktisch ganz Deutschland für die Fortführung des
Krieges arbeitete, und ein erstaunlicher Überlebenswille,

der die Menschen inmitten ihrer fast völlig zertrümmerten Städte, der zurückflutenden, geschlagenen Armeen und des maßlosen Elends der durch das Land ziehenden Flüchtlingsströme zusammenschloss, was als Gefühl der Zusammengehörigkeit bis weit in die Nachkriegszeit nachwirkte, hatte noch andere Gründe. Auch in Deutschland gab es so etwas wie einen vaterländischen Krieg.

Die Mehrheit der Deutschen entsprach weder den großartigen Inszenierungen einer Leni Riefenstahl noch den großflächigen Reportagen eines Guido Knopp, die *ohne* Wagner-Fanfaren und Marschmusik und all dem Pomp, den sie angeblich gerade entlarven wollen, nüchterne und langweilige Filmmontagen wären. Der Autor, 1941 gerade 13 Jahre alt, und seine Altergenossen können sich, wo immer sie in Deutschland gelebt haben, an keinen Ausbruch von Massenwahn erinnern, eher an *Inszenierungen* davon. In Spielfilmen und Szenen, die in der Wochenschau gezeigt wurden. Aber die waren auch damals schon *Inszenierungen* der Wirklichkeit. Mit Tausenden Laiendarstellern. Die Wirklichkeit waren sie nicht.

Niemand war 1939, wie einst im August 1914 in Deutschland und allen Großstädten Europas, lachend und singend in den neuen Krieg geeilt. Ab 1942, als die Niederlagen begannen, die blutigen Rückzüge der Soldaten, die Bombennächte in der Heimat, war die Loyalität der Deutschen zu ihrem Führer und Staat eher eine Treue aus Trotz.

Was die Deutschen in den zerbombten Städten zusammenhielt und die Soldaten, besonders an der Ostfront, buchstäblich bis zur letzten Patrone kämpfen ließ, hatte eher etwas zu tun mit der Forderung der Hitlergegner nach bedingungsloser Kapitulation und solchen Kriegszielen der Alliierten, wie sie zuerst der abenteuerliche Plan des Amateurhistorikers Theodore M. Kaufman verkündet hatte, der alle Deutschen nach Kriegsende sterilisieren lassen wollte und dessen Plan Goebbels über alle Zeitungen und Rundfunkstationen des Reiches hatte verbreiten lassen.

Niemand in London und Washington dachte im Ernst daran, den Kaufman-Plan zu verwirklichen, aber am 14. August 1944 wurde von Churchill und Roosevelt ein Papier über die Kriegsziele der Alliierten unterzeichnet, das nicht viel Besseres für die Deutschen verhieß: der Plan des amerikanischen Finanzministers Henry Morgenthau jun., kurz Morgenthau-Plan genannt. Dieser sah vor, im Osten und im Westen ein Drittel Deutschlands abzutrennen, in dem verbleibenden Rest die gesamte Industrie zu demontieren und Deutschland zu einem vorindustriellen Agrarstaat mit Vieh- und Getreidewirtschaft zurückzuentwickeln – zurück in die Bronzezeit. Der Morgenthau-Plan war zwar schon im September als offizielles Kriegsziel wieder fallen gelassen worden, aber beide Pläne wirkten als bedrohliches Szenario weiter.

Im Osten hatte der erbitterte Widerstandswille der Deutschen andere Ursachen, fast jeder Deutsche hatte ja in seiner Verwandtschaft einen Augenzeugen, der aus eigener Anschauung über ausgesuchte Grausamkeiten der Rotarmisten gegen Frauen und Kinder in den von ihnen besetzten Ortschaften berichten konnte, und die Berichte in den Zeitungen und der Wochenschau, aus den wenigen noch einmal von der Wehrmacht zurückeroberten Dörfern Ostpreußens sprachen für sich. Die Bilder von Nemmersdorf, sogleich als deutsche Gräuelpropaganda bezeichnet, aber schließlich auch von neutralen schwedischen und Schweizer Journalisten in der Welt verbreitet, zeigten Szenen von einer Grausamkeit, die Karl Marx einmal als *asiatisch*[10] bezeichnet hatte. Solche Berichte, die sich nach dem Beginn der russischen Offensive gegen Ostpreußen häuften, waren es, die auch den letzten 60-jährigen seit 1944 mobilisierten »Volkssturm-Mann«[11] und halbwüchsigen HJ-Jungen mit verbissener Wut oder einfach Verzweiflung weiterkämpfen ließ. Wir krepieren so oder so, sagten sich auch die Ängstlichen.

Dabei wusste man, dass man gegen einen weit überlegenen Gegner kämpfte, der immer neue Reserven heranführen konnte und von dem auch bekannt war und auch der tägliche Wehrmachtsbericht nicht mehr leugnen mochte, dass er an *allen* Fronten vordrang, durch keine neuen Waffen oder »hunderttausend« Panzer mehr aufzuhalten, am allerwenigsten durch die Propaganda von Josef Goebbels.

Aber niemand war einem kollektiven Fanatismus erlegen, nicht einmal die zusammengetrommelten Veteranen und Verwundeten im Sportpalast, die, vorbereitet und trainiert wie ein heutiges Talkshowpublikum, »Jaaa« gebrüllt hatten, als Goebbels sie fragte, ob sie den totalen Krieg wollten, womöglich noch totaler und umfassender, als sie sich es heute vorstellen konnten. »Jaaa!«, schrien sie noch einmal, so laut sie konnten, aber selbst sie werden am Abend wieder ernüchtert in ihre ausgebombten Wohnungen und – auch an diesem Abend – in die Luftschutzbunker gegangen sein. Begeistert für den Nationalsozialismus war 1944 kaum jemand, aber, zum großen Erstaunen und Entsetzen der alliierten Politiker und Militärs, war auch fast niemand verzweifelt.

Weniger, weil man noch an die nationalsozialistische Idee glaubte, die Erinnerung an die »guten Jahre« bis 1939 pflegte oder auch nur auf den »Endsieg« hoffte (»Wir werden siegen, denn wir *müssen* es!«) – fast jedem Deutschen wäre auch ein halbwegs milder Waffenstillstand recht gewesen –, sondern weil es fast allen *gleich schlecht* ging und weil, trotz allem Chaos in den frontnahen Gebieten, in den übrigen Teilen des Landes immer noch ein Minimum an Organisation erhalten blieb. Bis 1945. Eisenbahnen, Straßenbahnen, Strom-, Gas- und Wasserversorgung funktionierten meist kurze Zeit nach den schwersten Bombenangriffen wieder, die Versorgung mit einfachsten Lebensmitteln, darunter vor allem Milch für die Kinder, gab es – außer in den Kampfgebieten – fast überall im Land, *das* war – bis Ende April 1945 – das wirkliche Wunder.

Die Flüchtlingstrecks aus dem Osten wurden, wo es irgend ging, großzügig mit Decken und Kleidern versorgt,

Massenküchen betreuten die Flüchtlinge in den Güterzügen, die die Reichsbahn trotz der vielen Bombenschäden auf kleine Nebenstrecken umleitete, so gut es irgend ging, an allen Bahnhöfen. Man öffnete jetzt die immer noch reichlich gefüllten Notmagazine mit Lebensmitteln, die ohnehin den vordringenden Gegnern in die Hände fallen würden, und die Kriegsmarine in der Ostsee, der noch am meisten intakte Teil der Wehrmacht, transportierte Hunderttausende Flüchtlinge und Verwundete in den Westen, übrigens auch noch nach der Kapitulation.

3.
Raustreten zum Panzerknacken.
Kindersoldaten zwischen Angst und Abenteuerlust

Fanatisierte Jugend? Wer die Zeit als Fünfzehn- und Sechzehnjähriger miterlebt hat, kann sich nur an den Kopf fassen. Wir waren ja dabei, an den Flakgeschützen in Danzig ebenso wie im Sudetenland, im Arbeitsdienstlager auf Sylt ebenso wie in Österreich. Immer kaserniert. Immer schikaniert. Ausgebildet an Panzerfaust, Panzerschreck, Karabiner 98 und MG 42. Was taten wir? Waren wir fanatisch? Wir fluchten, wie alle Halbstarken etwas übertrieben derb und laut, über den *Scheißkrieg*, über das Essen, den Scheißfraß, über die Lehrer, die Vorgesetzten, die Arbeit, den Nachschub, vor allem aber über die Bonzen, die »Goldfasane«: die Ortsgruppenleiter und die anderen »Amtswalter« in ihren braunen Uniformen und Reithosen, die sich als »unabkömmlich« vor der Front gedrückt hatten.

Man fluchte auf Himmler, Göring und besonders auf Goebbels – die meisten meiner 16-jährigen Altersgenossen fluchten auch auf Hitler. Der Autor, damals 15 Jahre alt, dichtete Spottlieder auf Goebbels und zog während eines Arbeitseinsatzes mit seinen Freunden nächtlich durch ein polnisches Dorf. *Heil Dir, Polen, dobrze Polen!*, sangen wir. *Haut dem Goebbels, diesem frechen Hund, eins auf seinen großen Mund!* Ich schrieb ein Hörspiel mit Musik über Hitler und Eva Braun, in dem der »Führer« in den Teppich beißt. Dass es überhaupt ein Fräulein Braun gab und das mit dem Teppichbeißen, das hatten wir natürlich aus dem »Feindsender«, *alle* hörten BBC oder Radio Moskau, *alle* erzählten sich Witze über den GRÖFAZ, den »größten Führer aller Zeiten«: Aber desertieren oder zu den Russen überlaufen, wie es einige später prominente Zeitgenossen um die gleiche Zeit taten, das wollte eigentlich niemand.

Die meisten desertierten – bei uns im Osten – schon deshalb nicht, weil niemand wissen konnte, was die Russen mit Überläufern oder Deserteuren machen würden. Die Praxis, hörte man, war sehr unterschiedlich. Oft waren sie ganz freundlich zu diesen halben Kindern in HJ-Uniform, die sie gefangen nahmen, oft auch nicht. Reine Glücksache war das, was die mit einem 13- oder 15-jährigen Jungen machten, von dem man im Gepäck ein Bild in HJ-Uniform fand, mehr Glückssache jedenfalls als Genfer Konvention. Die hatten die Sowjets schließlich auch nicht unterzeichnet. Und selbst wenn sie es hätten: Waren wir, in unseren dunkelblauen Flakhelfer-Jacken, überhaupt Soldaten? Und nicht einfach Nazis mit Panzerfäusten?

Der Verfasser war im Januar 1945 gerade 16 Jahre alt geworden und lebte in Danzig-Langfuhr. Die meisten von den Proletarierjungen in meinem Alter prügelten sich jeden Abend auf den Straßen oder suchten eine Gelegenheit dazu. Oft prügelten sie sich mit den Mitgliedern der so genannten Streifen-HJ, einer Nachwuchsorganisation für die Waffen-SS. Die traten als eine Art Hilfspolizei auf. Meist ging es dabei um Äußerlichkeiten wie lange Haare, betont lässiges Auftreten und einen weißen Seidenschal, den die »Louis« trugen, die Zigaretten rauchten und Jazzmusik hörten. Manchmal bildeten sich Gruppen wie die »Edelweißpiraten«. Wenn man will, war das politischer Widerstand. Die Väter, die auf der Danziger Schichau-Werft arbeiteten, waren oft Kommunisten.

Unangepasste Jugendliche waren das, würde ich sagen, ein wenig wie heute Skinheads, die einfach das taten, was am meisten verpönt oder verboten war. Wenn die Streifen-HJ sie nach der Sperrstunde und beim Zigarettenrauchen erwischte, nahm man sie fest und schnitt ihnen die langen, über den Nacken wachsenden Haare ab, eine furchtbare Demütigung, für die sich die »Louis« durch Überfälle auf einzelne HJ-Führer rächten, die sie dabei grausam, oft irreparabel zurichteten. In fast allen deutschen Großstädten gab es solche Gruppen, Grass hat die »Edelweißpiraten« erwähnt, auch Kempowski beschreibt sie, politische Untersuchungen über den Widerstand im Dritten Reich zählen sie zu den Hitlergegnern.[12]

Es ist nicht bekannt, dass aus diesen Schlägerbanden besonders viele Deserteure oder gar Überläufer kamen. Ich vermute eher das Gegenteil. Der Krieg in dieser wirren Schlussphase zwischen Ende ’44 und Anfang ’45 war für viele eine Fortsetzung der blutigen Schlägereien auf den Straßen. Der Verfasser hat miterlebt, wie noch im Frühjahr 1945 Hunderte dieser Jungen im Hof der großen Jugendherberge von Danzig dastanden, schon eingekleidet, in diesen dunkelblauen, unten zugebundenen Skihosen, den gleichfarbigen Jacken und Schirmmützen, angetreten in drei Reihen, und der Bannführer, ein schon etwas älterer, forsch auftretender, aber beinamputierter ehemaliger Offizier mit schneidender Stimme über den Platz rief: »*Kameraden, der Russe ist bei Dirschau durchgebrochen. Wer meldet sich freiwillig zum Panzerknacken? Drei Schritte vor, marsch, marsch!*« Und der ganze, eben von der Straße aufgesammelte Haufen machte wie auf dem Exerzierplatz geschlossen drei Schritte nach vorn. Fünfzehnjährige waren das.

Die waren nicht blind und fanatisch oder irgendjemand ergeben, bestimmt nicht dem »Führer«, wie man heute verbreitet. Die hatten Angst, die Hosen gestrichen voll, aber vor allem hatten sie Angst vor den Russen, und deshalb wollten sie jetzt einen Panzer »knacken«, weil man nicht immer nur Angst haben kann. Lieber Panzer knacken. Mit der leicht zu bedienenden *Panzerfaust*, die ein halbwüchsiges Kind abfeuern kann: eine kleine, tragbare Rakete, mit deren (chinesischer) Weiterentwicklung die Kindersoldaten in Afghanistan sogar russische Hubschrauber abschossen. Die Panzerfäuste wurden damals an jeder Straßenecke verteilt und waren von den Sowjetrussen gefürchtet.

Wenn die deutschen Kindersoldaten den Panzer möglichst nahe herankommen ließen, hatte die Panzerbesatzung

keine Chance, der Raketenkopf frisst sich wie ein Schneid-
brenner durch die Stahlwand des Panzers und aus. Wenn
das Geschoss sein Ziel verfehlte, wurde der Junge von den
schweren MGs des Panzers erfasst. Oder einfach umgefah-
ren und von den Panzerketten zermalmt. Zur Sicherheit,
falls der Jugendliche in einem Schützenloch säße, drehte
sich der T 34 noch einmal um seine Achse, um ganze Arbeit
zu leisten.

4.
Das Volk, das nicht trauern wollte.
Die Unfähigkeit der Familie Mitscherlich, die Deutschen zu verstehen

Hinterher fluchten sie weiter auf Goebbels und Hitler und die ganzen Bonzen, und wer von ihnen am Leben blieb und im Westen landete, für den war es ein tolles Abenteuer gewesen, von dem er fünf Jahre später auf seinem Italienurlaub erzählte, auf dem Campingplatz mit dem ersten eigenen VW. 20 Jahre war er dann oder auch 21. Und hatte nie einen Grund gesehen, über den Verlust seines Führers zu trauern, was Alexander und Margarete Mitscherlich im Nachhinein enttäuschte. Wie sie in ihrem 1967, zu Beginn der Studentenrevolte erschienenen Buch »Die Unfähigkeit zu trauern« behauptet haben, war Hitler eine Vaterfigur für die Deutschen.[13] Ein Übervater. War er das wirklich? Für die Jungen wohl kaum.

Ich weiß nicht, mit welchen Leuten der junge Mitscherlich in der NS-Zeit und während seines Studiums in Heidelberg Umgang hatte. Ich kannte keinen meines Alters, für den Hitler eine Vaterfigur war. So was gibt es ohnehin nur bei Freud – oder eben bei den Mitscherlichs. Und bei Wilhelm Reich und Herbert Marcuse und wie sie alle hießen, die ab 1967 gelesen und gedruckt wurden, meistens als Raubdruck. War fast alles Unfug, was damals gedruckt und gelesen wurde.[14] Heute wissen wir das, aber 1967 druckte und las man eben jeden Unfug. Es hat lange gedauert, bis wir es bemerkt haben.

Vaterfigur? Leitbild? Vorbild? Wenn die Jugendlichen damals ein Vorbild hatten, wie die Halbwüchsigen von heute Jan Ulrich oder Michael Schumacher, dann waren es U-Boot-Kommandanten wie Prien oder erfolgreiche Jagdflieger wie Rudel und Galland. Die auch wieder öffentlich auftraten, als die Deutschen nach dem Krieg ihren ersten Urlaub im Ausland verbrachten.

5.
Warum Deutschland den Zweiten Weltkrieg am Ende gewonnen hat

Hitler hätte wenig Grund zur Verzweiflung gehabt, wenn er die nächsten Jahre nach dem Krieg noch erlebt hätte. Der Krieg war verloren, so verloren, wie noch nie jemand einen Krieg verloren hatte, das Land war zerstört, schlimmer als nach dem Dreißigjährigen Krieg. Aber eines von Hitlers Kriegszielen war ohne Zweifel erreicht worden: Die Russen waren, unter furchtbaren Verlusten, aufgehalten worden, wenn auch erst an der Elbe. An der alten Reichsgrenze immerhin, der Grenze des Karolingerreichs, wie Konrad Adenauer gern betonte, der ganz zufrieden damit zu sein schien und gerne den *Karls-Preis* in Aachen entgegennahm und sich ein Leben lang mehr für die Einigung mit Frankreich und Italien und den Beneluxländern stark machte als für die Wiedervereinigung Deutschlands oder gar die Rückgewinnung der deutschen Ostgebiete.

Die Sowjets blieben 1945 an der Elbe stehen, vorläufig, wie sie zunächst hofften. Eines Tages mussten sie erkennen, dass es einen weiteren Vormarsch des Kommunismus nie mehr geben würde, stattdessen den Rückzug, nach 45 Jahren.

Sogar das von Goebbels und Hitler erhoffte zweite »Wunder des Hauses Brandenburg«, der Zerfall der Anti-Hitler-Koalition, fand schließlich statt, drei Jahre nach Hitlers Tod. Die einst mit dem Westen in einem antifaschistischen Bündnis vereinten Sowjets unter Stalin erwiesen sich als weltpolitisch gefährlichere Gegner. Das Wort Churchills machte die Runde: »Wir haben das falsche Schwein geschlachtet!«[15]

Nach dem Koreakrieg beherrschte der Antikommunismus die angloamerikanische Politik, auch nach Abflauen des jahrzehntelangen Kalten Krieges und der Epoche der

Entspannung, das Misstrauen blieb, zu Recht, wie sich zeigte, bestehen. Die Sowjetunion wurde isoliert und in einem langen Rüstungs- und Wirtschaftswettlauf, den das planwirtschaftlich, also schlecht organisierte System nicht durchhalten konnte, niedergerungen. Nach 1990 brach das Sowjetimperium fast von selbst zusammen, das Weltreich zerfiel.

Hitlers wichtigstes Kriegsziel, die Zurückdrängung des Kommunismus, schließlich der Zerfall der kommunistischen Herrschaft in Europa, ja, das Ende des Kommunismus, wurde erst durch die Entschlossenheit der USA erreicht. Es kann aber keinen Zweifel daran geben, dass der Rückzug der Roten Armee und das endgültige Scheitern des Kommunismus in Europa auch ein Ergebnis des Zweiten Weltkriegs und der Schwächung auch des zweiten totalitären Giganten durch diesen Krieg war.

Während die USA durch den Zweiten Weltkrieg zum mächtigsten Faktor der Weltpolitik und nach der Auflösung der Sowjetunion sogar zur (vorerst) einzigen Weltmacht geworden sind, gehörte Deutschland bereits ab 1950 zu den Nutznießern, wenn nicht sogar – unterm Strich – zu den Siegern des Zweiten Weltkriegs. Das Gleiche gilt auch für den einstigen Verbündeten Japan. Die Sowjetunion aber hat den Krieg verloren.

Russland ist bei seinem ehemaligen Gegner, dem, wie man 1945 bei den Siegesfeiern auf dem Roten Platz verkündete, »für immer in den Staub getretenen« Deutschland, mit vielen Milliarden Euro[16] verschuldet, das Pro-Kopf-Einkommen eines russischen Arbeiters verhält sich zu dem seines deutschen Kollegen wie eins zu dreizehn. Aber selbst das sagt noch nicht alles über das wirkliche Elend eines russischen Arbeiters oder Bauern aus.

Was ist von der riesigen Kriegsbeute geblieben? Außer einem bisschen Beutekunst in den Magazinen und Lagern der Museen von St. Petersburg und Moskau, darunter immerhin die kostbare Schliemann-Sammlung, außer dem mi-

litärisch nutzlos gewordenen, wirtschaftlich verödeten Ost-
teil von Ostpreußen, den ehemals ostpolnischen Provinzen,
die man den Polen abgenommen hatte – im Tausch gegen
das landwirtschaftlich hoch kultivierte Ostpreußen und
Pommern und das oberschlesische Industriegebiet – ist dem
großen Russland von seinem Sieg nichts geblieben. Die unzähligen Opfer scheinen umsonst gebracht worden zu sein,
Russlands fast 20 Millionen Tote[17] sind, das sprechen sowohl die kommunistischen und die Rechts-Parteien in der
Duma verbittert und offen aus, umsonst gestorben, ihre
hoch dekorierten Kriegsveteranen, auch die Offiziere, vege-
tieren bei Hungerrenten.

Deutschland dagegen hat den Zweiten Weltkrieg, im Gegensatz zum Ersten, im Ergebnis klar gewonnen. Trotz des
Verlusts eines Drittels seines Landes, seiner blühenden
Städte und Landschaften und der vielen Millionen Todesopfer, Soldaten und Zivilisten, Frauen und Kinder.

6.
Warum unschuldige Opfer
nicht gegeneinander aufgerechnet
werden können

Machen wir uns nichts vor. Wir, die anspruchsberechtigten Erben aus den Ostprovinzen und der Freien Stadt Danzig Vertriebenen wissen: Dieser Teil Deutschlands, unsere Heimat, ist unwiederbringlich verloren, ebenso wie die Heimat der Sudetendeutschen, der Deutschbalten und Balkandeutschen.

Die Verluste an landwirtschaftlicher Nutzfläche der einstigen »Kornkammern des Reiches« Ostpreußen und Pommern spielen heute, wo Getreide- und Fleischproduzenten wie USA, Kanada und Argentinien die Versorgung Deutschlands sogar billiger sicherstellen, volkswirtschaftlich keine Rolle mehr. Der Rest Deutschlands exportiert inzwischen sogar Nahrungsmittel.

Die deutschen Kriegsverluste, die die aus Deutschland Vertriebenen und ihre Erben, sozusagen stellvertretend für alle Deutschen, erlitten haben, liegen auf einem anderen Gebiet. Hunderttausende von ihnen, darunter besonders viele Frauen, haben nach dem Krieg, vorwiegend im kommunistischen Osten, verschleppt in Lager fern ihrer Heimat, jahrelang Zwangsarbeit leisten müssen, meist unter mörderischen Bedingungen. In der überwiegenden Zahl der Fälle einfach nur, weil sie Deutsche waren. So, wie während des Krieges viele Männer, Frauen und Kinder in deutschen Betrieben Zwangsarbeit leisten mussten, nur weil sie Polen, Russen oder Juden waren.

Sie alle waren *unschuldige* Opfer, ihre Leiden sind, im Gegensatz zu einem weit verbreiteten Vorurteil, *vergleichbar*. Rechtlich und moralisch. Sie haben Anspruch auf Wiedergutmachung und Entschädigung nach dem gleichen Recht, nach dem die Zwangsarbeiter unter dem NS-Regime in den letzten Jahren Entschädigungen verlangt – und erhalten haben.

Aber die in den kommunistischen Arbeitslagern Getöteten können durch Wiedergutmachungszahlungen nicht zum Leben erweckt werden. Die in der Bundesrepublik erfolgreich eingegliederten Überlebenden und ihre Erben haben es (meist) nicht nötig, von den verelendeten und überschuldeten Ostblockländern Russland, Polen und Tschechien Geldbeträge zu erbitten. Doch wäre allein die Bereitschaft der Vertreiberländer zu einer Rehabilitierung und Entschädigung der Opfer ein gutes Signal und ein Beitrag zu einer wirklichen Versöhnung der Völker, mehr als 57 Jahre nach Kriegsende. Nach Ansicht vieler CDU- und CSU-Politiker auch die Voraussetzung für einen Eintritt in die Europäische Union und zur Euro-Zone.

Eigentlich, wollen wir hinzufügen, die mindeste Voraussetzung.

Andere Verluste sind unersetzbar. Die Zerstörung fast aller in vielen Jahrhunderten aufgebauten und gepflegten Kulturdenkmäler, zerstört durch den unbeschränkten Luftkrieg gegen Wohnviertel oder wie im Osten – so zum Beispiel in Danzig und Königsberg – durch systematische Brandlegung *nach* Ende der Kampfhandlungen, sind durch keine Neubauten aus Stahl, Glas und Beton, aber auch nicht durch museale Nachbauten im Stil von Theaterkulissen zu ersetzen, bei denen ein paar Fassaden *Unversehrtheit* vortäuschen.

Deutschland ist heute das einzige Land in Westeuropa, in dem es keine einzige Großstadt mit einer in Jahrhunderten gewachsenen, mit Leben erfüllten Altstadt mehr gibt, wie wir sie in Italien, Frankreich, der Schweiz und Tschechien bewundern und lieben. Die amerikanischen und japanischen Touristen, die Deutschland besuchen *(See Europe in fourteen days!)* loben und fotografieren ein farbenfroh angestrichenes, solide durch Fachwerk zusammengehaltenes Disney-Land, in dessen Innerem Spannbetonwände und klobige Luftziegel für Komfort sorgen. Wenn man sehen will, wie eine intakte und lebendige deutsche Hansestadt heute aussehen würde, muss man schon nach Estland fahren – nach Reval. Sie können auch Tallinn sagen.[18]

DIE ERZIEHUNG EINES VOLKES

7.
Alle Deutschen sterilisieren.
Der Kaufman-Plan und die
Goebbels-Propaganda

Unmittelbar nach der Kapitulation begann die Umerziehung. Die *Reeducation.* Das ganze deutsche Volk sollte umerzogen oder, wie es die englische Bezeichnung ausdrückt, rück*erzogen* werden. Dieser Gedanke stammt eigentlich aus dem Strafvollzug und bedeutet den Versuch, einen Kriminellen wieder in die Gesellschaft einzugliedern. Gegen ein ganzes Volk gewandt, bedeutete es, dieses ganze Volk zu Verbrechern zu erklären, die man wieder in die Zivilisation eingliedern könnte, bei guter Führung. Solche Reden gehörten zu der alliierten Kriegspropaganda gegen Hitler, einer Stimmungsmache, die zunächst die Kampfentschlossenheit und Moral im eigenen Lager stärken, den Gegner aber entmutigen und einschüchtern sollte. Eine solche Propaganda verfolgt kurzfristige Ziele, muss griffige Formulierungen wählen und sich nicht um wissenschaftliche Nachprüfbarkeit ihrer Behauptungen kümmern.

Doch nicht Hitler und seine Partei sollten angegriffen werden, sondern *die* Deutschen, alle Deutschen. Deshalb wurde die These aufgestellt, das ganze deutsche Volk sei von Natur aus aggressiv und in seiner ganzen langen Geschichte immer kriegerisch gewesen, hätte andere Völker überfallen und unterjocht. Diese These war für jeden, der sich mit der deutschen Geschichte beschäftigt hatte, auch damals schon erkennbar absurd und nicht einmal durch Deutschlands Verhalten im Ersten Weltkrieg zu rechtfertigen, noch weniger durch ein Ereignis davor. Weit eher hätte

der Vorwurf etwa auf die englische Geschichte der Koloni-
alzeit angewandt werden können, aber auch auf die anderen
großen Kolonialvölker wie Frankreich, Spanien und die
Niederlande, die ihren Reichtum und ihre riesigen Lander-
werbungen brutaler Gewalt und der Unterdrückung und
teilweisen Ausmerzung ganzer Völker verdankten.

Noch vor dem Eintritt der USA in den Krieg, den der
amerikanische Präsident Roosevelt befürwortete, eine er-
mittelte Mehrheit der amerikanischen Bevölkerung aber aus
unterschiedlichen Gründen ablehnte, hatte eine starke anti-
deutsche Agitation in der amerikanischen Presse begonnen,
die sich aus zwei Motiven speiste: der Ablehnung der Ju-
denpolitik Hitlers in Deutschland und der Solidarität mit
dem durch den deutschen U-Boot-Krieg und die Gefahr
einer Invasion aufs Äußerste bedrohten englischen Bruder-
volk. Da auch in weiten Teilen der USA antisemitische Ten-
denzen in der Bevölkerung verbreitet waren, die sich durch
das Einströmen jüdischer Emigranten aus Deutschland und
anderen europäischen Ländern nicht abgeschwächt hatten,
war für die Kriegspartei nicht die Verfolgung der Juden,
sondern die Bedrohung Englands durch die seit 1940 überall in Europa siegenden »Hunnen« das ausschlaggebende
Argument, wenn man den Kriegseintritt der USA aufseiten
Englands populär machen wollte.

Immerhin war Amerika offiziell noch neutral, als der
Werbekaufmann und Amateurhistoriker Theodore M.
Kaufman im März 1941 sein Buch *Germany must Perish!*
(Deutschland muss vernichtet werden!) herausbrachte. Er
erschreckte die New Yorker Zeitungsmacher mit einem ma-
kabren Werbegag, an dem ein einfallsreicher Terrorist vom
Schlage Bin Ladens heute noch seine Freude haben würde:
Mitte März 1941 erhielten alle New Yorker Zeitungen
einen Sarg. Ein Päckchen mit einem kleinen schwarzen Sarg
aus Pappe. Särge, als Todesdrohung, verschicken in Amerika
seit jeher nur die Paten der Mafia – zur Einschüchterung
ihrer Konkurrenten, denen sie eine schlimme Zukunft

ankündigen. Das Päckchen musste mit der Post verschickt werden, weil sich die – billigere – Privatfirma *Western Union Telegraph Company* geweigert hatte, die verdächtige Sendung zu befördern. Ein Schreiben mit folgendem Inhalt lag dem Sarg bei: *»Read: Germany must perish! Tomorrow you will receive your copy.«* (»Lesen Sie: Deutschland sollte vernichtet werden! Morgen erhalten Sie Ihr Belegexemplar«). Der Absender dieser originellen Werbung war zugleich auch Verleger und Autor des angekündigten Buches: der Werbetexter und Hobbyhistoriker Theodore N(ewman) Kaufman, der zeitweise auch für die kleine Zeitung *Jewish Chronicle* gearbeitet hatte. Kaufman hatte vor einiger Zeit eine Gesellschaft *American Federation of Peace* gegründet, deren Vorsitzender und vermutlich einziges Mitglied er war. Auch der Verlag Argyle Press war eine Gründung des viel gereisten Autors. Fortan nannte er sich Friedenspräsident.

In den ersten sechs Kapiteln der Kampfschrift wird in einem sehr summarischen Rückblick auf die deutsche Geschichte seit der Völkerwanderung behauptet, dass von »den Deutschen« seit 2000 Jahren eine tödliche Gefahr für die ganze Welt ausgegangen sei, was Kaufman durch eine Vielzahl von Zitaten zu belegen sucht: »Schon die alten germanischen Stämme – Sklavenhalterstämme – waren bekannt für ihre unnatürliche Leidenschaft für Krieg und Zerstörung. Diese germanischen Stämme waren unfähig, menschliche Ideale, Zivilisationen und soziale Beziehungen aufzunehmen und anzunehmen.«

Kaufman verkündet deshalb, dass dieser Krieg gar nicht so sehr Hitlers Krieg sei, ebenso wenig, wie frühere Kriege Bismarck und dem Kaiser anzulasten seien, denn »diese Männer waren nicht Urheber von Deutschlands Kriegen gegen die Welt. Sie spiegeln nur die jahrtausendealte, angeborene *(inbred)* Lust der Deutschen nach Eroberung und Massenmord wider. Deutschtum, das ist die Theorie einer Herrenrasse von Deutschen, dazu bestimmt, eine schwache Welt durch Gewalt und Grausamkeit zu versklaven ... Es ist lebenswichtig, dass wir als unabweisbare Tatsache realisieren, dass die Nazis keine Wesen sind, die außerhalb des deutschen Volkes existieren. Sie *sind* das deutsche Volk!«[19]

Alle Deutschen sind Mörder. Aus Grausamkeit. Und Anhänger des Rassismus (ein Begriff, den es erst seit dem Ende des 19. Jahrhunderts gab). Woran erinnert uns das? Natürlich, an den aufstrebenden Harvard-Absolventen *Daniel Jonah Goldhagen.* Wir erinnern uns gut daran, wie der durch wissenschaftliche Veröffentlichungen in seiner Heimat kaum bekannte junge Amerikaner mit genau dieser These durch die deutschen Lande zog. Als *Hitlers willige Vollstrecker* seien die Deutschen schon lange vor Hitler »mit Mordgedanken schwanger gegangen«.

Gab es dafür in der Geschichte Europas einen Anhaltspunkt?

8.
Die Deutschen – von Natur aus mordlüstern?

In der deutschen Geschichte musste man weit zurück ins 13. Jahrhundert gehen, zur Ostkolonisation des Deutschen Ritterordens, der 1249 von Friedrich II. ermächtigt worden war, die Christianisierung des Ostens in Angriff zu nehmen, dem deutschen Kaiser also, der von den Historikern heute noch als Vorbild für Toleranz und Völkerverständigung gerühmt wird. Es ging um die – kriegerische – Christianisierung der Pruzzen, Esten und Litauer im Ostseeraum, friedliche Bekehrungsversuche von irischen und polnischen Missionaren waren bis dahin gescheitert. Es war die deutsche Variante der damals Europa beherrschenden und prägenden Kreuzzugsidee, und tatsächlich erhielt die Eroberung des heidnischen Ostens vom Papst den Status eines Kreuzzugs, was dem Kaiser ermöglichte, sich anderen Kreuzzugsverpflichtungen in Palästina zu entziehen. Die Ordensarbeit war damit Teil der Ostmission, die von Südosten her, vom Byzantinischen Kaiserreich, bereits erfolgreich unter den slawischen Völkern tätig gewesen war und unter Otto I. bei den Slawen jenseits der Elbe begonnen hatte. Trotz erster Rückschläge war das Land am Ende bis zum Baltikum christianisiert und wurde von deutschen Rittern und Bauern besiedelt.

Während die Pruzzen, die dem Land Preußen den Namen gaben, die immer wieder landesweite Aufstände anfachten, um das Joch der Ordensherrschaft abzuwerfen, mit großer Härte und nicht ohne die damals üblichen Gräuel und Verwüstungen unterdrückt und später assimiliert wurden (erst im 19. Jahrhundert starb ihre Sprache endgültig aus), blieben im Baltikum die Litauer, Letten und Esten trotz der deutschen Adelsherrschaft als selbstständige ethnische Einheiten bestehen. Der Orden wurde 1410 von den

Polen bei Tannenberg vernichtend geschlagen und später sogar dem König von Polen lehnspflichtig. Die deutsche Hansestadt Danzig übrigens auch.

Das waren die unleugbar kriegerischen Abenteuer und Eroberungszüge der deutschen Geschichte. Die weitere Geschichte der Deutschen war eher eine Kette von Niederlagen und Rückzügen, dynastischen Zerwürfnissen, regionalen Streitigkeiten und Kriegen *untereinander* als eine Bedrohung ihrer Nachbarn. Die nun beginnenden unsäglichen Kolonialgräuel, Raubzüge und Massenmorde der Portugiesen, Spanier, Niederländer, Engländer und Franzosen erlebten sie als Zuschauer. Die »angeborene« Mordlust schien andere Völker befallen zu haben.

Selbst das Kaiserreich unter dem Kanzler Bismarck hatte bei seinen drei kurzen, räumlich begrenzten und nach konventionellen Regeln geführten Kriegen am Ende lediglich einen einige Jahre von Dänemark besetzten Teil des deutschsprachigen Schleswig-Holstein und von Frankreich Elsass-Lothringen erhalten, dessen Bevölkerung zum größten Teil deutschstämmig war und das erst im 17. und 18. Jahrhundert vom Reich abgetrennt worden war.

Alles in allem eine nicht sehr kriegerische Bilanz, es sei denn, man zählte die Vorfahren der Deutschen, die Germanen aus der Zeit *vor* der Völkerwanderung, die einst von den Römern wegen ihres kriegerischen, todesverachtenden Kampfeifers (Furor teutonicus) gefürchteten Kimbern und Teutonen zu den Deutschen. Aber die meisten germanischen Eroberer und Zerstörer ganzer Reiche in der Völkerwanderungszeit, die die amerikanischen Entdecker der »angeborenen Mordlust« vermutlich vor Augen hatten, waren keineswegs Vorfahren der späteren Deutschen, sondern kamen, wie Goten, Vandalen oder Nordmannen, aus Skandinavien, und ihre Kriegslust und ihre Eroberungszüge hätten eher den heutigen Schweden zugerechnet werden müssen, was natürlich niemand tat.

Auffällig eroberungs- und kriegslustig waren nur die unmittelbaren Vorfahren von Churchills Familie, die Angelsachsen, die die Bevölkerung von Britannien im 7. Jahrhundert fast gänzlich ausgerottet hatten, bevor die Insel im 11. Jahrhundert von den Normannen erobert wurde.

Doch die Bewohner der britischen Inseln hatte Goldhagen natürlich nicht im Sinn, als er »Hitlers willige Vollstrecker« schrieb. Sein Buch erinnert denn auch an vielen Stellen an Kaufman, dessen Buch Goldhagen gekannt haben dürfte. Obwohl Kaufman beim Schreiben seines Buches, Ende 1940[20], weder von Deportationen osteuropäischer Juden noch gar von Massentötungen, die später folgten, etwas wissen konnte, hatte er, als Jude, dessen Familie aus Deutschland stammte, genug Grund, über die Rassenpolitik Hitlers empört zu sein, die alle Juden ausbürgern und zur Auswanderung zwingen wollte. Obwohl Kaufman den Kriegseintritt Amerikas als radikaler Pazifist ablehnte, ist sein Buch gegen die Deutschen zweifellos ein Teil der Stimmungsmache, mit der damals für einen Kriegseintritt der USA gegen Deutschland geworben wurde.

Als die USA noch nicht einmal in den Krieg eingetreten waren, machte sich Kaufman bereits Gedanken darüber, was mit den Deutschen und ihrer »angeborenen« Lust auf Eroberung und Völkermord nach einem gewonnenen Krieg geschehen müsse: Deutschland müsse einfach von der Landkarte verschwinden.

Das gesamte Reichsgebiet solle unter die Nachbarstaaten Holland, Belgien, Frankreich, Polen und die Tchechoslowakei aufgeteilt werden und alle Deutschen – Männer wie Frauen – *sterilisiert* werden, sodass nach etwa 60 Jahren die Deutschen ausgestorben wären. Kaufman schildert die Einzelheiten der Operation und beruhigt seine Leser: »Sterilisierung sollte nicht mit Kastration verwechselt werden. Es ist eine gefahrlose und einfache Operation, ziemlich harmlos und schmerzlos, die den Patienten weder verstümmelt noch zum geschlechtslosen Wesen macht.«

Das amerikanische Magazin *Time* fand damals heraus,

dass der selbst ernannte »Friedenspräsident« Kaufman auch schon ein Jahr zuvor mit der Sterilisierung gedroht hatte. Diesmal allerdings den Amerikanern. Lieber sollten alle Amerikaner sterilisiert werden, schrieb Kaufman, als dass ihre Kinder in den Krieg müssten und so zu menschenähnlichen Monstern würden. Spottete *Time*: »*Sterilisierer Kaufman hatte seine Grundidee einfach auf den Feind übertragen.*«[21]

Durch den Artikel in *Time* wurde Goebbels auf den Kaufman-Plan aufmerksam und erkannte sofort den hohen Propagandawert dieses Buchs. »Ein Jude will das deutsche Volk ausrotten!« – von da war es nur noch ein Schritt zu dem Plural »Die Juden wollen«. Am Vorabend des ohnehin voraussehbaren Kriegseintritts der USA, am 24. Juli 1941, lief mit einem Artikel im NS-Zentralorgan »Völkischer Beobachter« ein riesiger, Monate andauernder Propagandafeldzug an, der zweifellos von ebenso großer Wirkung auf die Moral der Zivilbevölkerung war wie auf die der kämpfenden Truppe. Welcher Deutsche wollte schon nach Kriegsende sterilisiert werden und, zusammen mit allen anderen 80 Millionen Deutschen, als Volk ausgelöscht werden? Auch der Autor dieser Zeilen erinnert sich sehr gut, dass ihm und seinen 13-jährigen Klassenkameraden wegen der Ungeheuerlichkeit des Projekts ein Schauer über den Rücken lief, trotz aller derben Witze, die die Halbstarken in der Öffentlichkeit über die »Kastration« und ihre Folgen machten. Eine Verwechslung von Sterilisation mit der Kastration, der, wie wir sehen werden, auch Churchill und der amerikanische Präsident unterlagen, wenn sie über dieses Thema sprachen.

9.
Kaufman-Plan und Holocaust.
Eine vergessene Drohung
von Goebbels

Die Juden wollten das deutsche Volk ausrotten – aber wir sind ihnen zuvorgekommen! Das wäre eine ideale Rechtfertigung für die beginnenden Massentransporte und die Vernichtungslager gewesen, doch hütete sich Goebbels, so zu argumentieren, denn die Existenz der Deportationen wurde ja grundsätzlich geleugnet. Doch eine unterschwellige Drohbotschaft war schon in den Propagandaschriften enthalten. Im September 1941 erschien im Zentralverlag der NSDAP eine Broschüre »Das Kriegsziel der Weltplutokratie«[22]. Autor war Wolfgang Diewerge, der im Reichspropagandaministerium die Abteilung Rundfunk leitete.

Bei Diewerge wird eine Gedankenverbindung vom Kaufman-Plan zu den anlaufenden Vernichtungsaktionen durchaus hergestellt: »Wer soll sterben – die Deutschen oder die Juden? Es gibt etwa 20 Millionen Juden auf der Welt. Wie wäre es, wenn man statt der 80 Millionen Deutschen diese 20 Millionen Juden nach dem Rezept ihres Rassegenossen Kaufman behandeln würde?«

Die Frage hatte einen ganz realen Hintergrund. Der Plan mag heute abstrus erscheinen, doch ist die Tötung von Menschen in einer Gaskammer sicher noch viel abstruser. Über Sterilisation wurde in den 30er-Jahren in allen zivilisierten Ländern diskutiert, seit dieser Eingriff ohne gesundheitliche Folgen für die Betroffenen medizinisch möglich geworden war. Man erwog die Sterilisation Schwachsinniger oder Erbkranker. So war eine Sterilisation der jüdischen Bevölkerung in führenden NS-Kreisen schon erörtert worden. Am 27. Mai hatte Himmler nach einem Vortrag Experimente für Massensterilisationen in Auftrag gegeben, die später auch tatsächlich in Auschwitz durchgeführt wurden.[23]

Sogar Militärs erörterten, wie eine Tagebuchäußerung des deutschen Generalfeldmarschalls Ritter von Leeb vom 8. Juli 1941 beweist, nach dem Bekanntwerden der ersten Massenerschießungen von Juden im Generalgouvernement Polen durch lettische Hilfsverbände als alternative »Lösung der Judenfrage«[24] die Sterilisation aller männlichen Juden. An beiden Terminen ist auffällig, dass sie *nach* dem Erscheinen des Kaufman-Buchs im März liegen.

Der Holocaust als Notwehr? Diese Argumentation heutiger Rechtsextremisten war bei Diewerge bereits vorgegeben und steht flankierend neben der Hauptlinie der extremen Rechten, die Massentötung von Juden ganz zu leugnen oder, wie Saddam Hussein und andere radikal-islamistische Antisemiten, zu loben.

Goebbels und sein Propagandaministerium hätten ein perfekteres Papier als den Kaufman-Plan nicht erfinden können. Die Frage ist deshalb bald aufgetaucht, ob Kaufman ein Agent oder Provokateur war, der im Auftrag deutscher Geheimdienste handelte. *Time* untersuchte auch diese Möglichkeit und schloss sie mit Sicherheit aus. Jedenfalls war Kaufmans Buch ein geradezu idealer Anlass für jede Art von antisemitischer Propaganda.

Schnell war die Legende verbreitet, Kaufman sei ein enger Vertrauter oder gar Berater des Präsidenten Roosevelt, wovon fast nichts stimmte. Aber eben nur fast nichts. Tatsächlich kannte Kaufman von seiner Zeit beim *Jewish Chronicle* einen von Roosevelts Redenschreibern, Samuel Roseman, der allerdings zu Roosevelts so genanntem »Küchenkabinett« gehörte, einem Kreis jüdischer Freunde im Haus des Präsidenten, von denen die Zeitschrift *Look* berichtet hatte, ohne dass der Name Kaufman in diesen Berichten je auftauchte. Gehört hatte Roosevelt sicher von dem Buch, zumindest *nach* der Goebbels'schen Propagandakampagne wird er es auch wohl gelesen haben. Der Sprecher des Auswärtigen Amtes, der Gesandte Schmidt, behauptete jedenfalls auf einer Pressekonferenz in Berlin, Roosevelt habe einige Kapitel des Buches gekannt.[25]

Die Erinnerung an die furchtbaren Ausrottungsphantasien Kaufmans müssen im Unterbewusstsein des mächtigsten Mannes der Welt tiefe Eindrücke hinterlassen haben. Anders ist es nicht zu erklären, dass er im Gespräch mit seinem Finanzminister und Vertrauten, Kaufmanns bedeutenderem Landsmann Henry Morgenthau jun., nach dessen eigenem Bekunden (in Morgenthaus Tagebuch) sagte: »Wir müssen das deutsche Volk entweder *kastrieren*, oder man muss sie so behandeln, dass sie nicht noch einmal Leute hervorbringen, die auf gleichem Wege wie bisher weitermachen.«[26] Anscheinend verwechselte auch der höchste Repräsentant der USA hier die Sterilisation mit der gefürchteten Kastration, wie sie in den USA für Sexualstraftäter in einigen Staaten praktiziert wurde.

10.
Gegen »erbliche Mordlust«:
Deutschland, ein Einwanderungsland

Im August 1944, obwohl der Krieg gegen Deutschland noch nicht gewonnen war, machte man sich, ganz ähnlich wie im Jahre 2001 während des Krieges in Afghanistan, schon Gedanken darüber, was nach dem Krieg mit dem besiegten Land zu geschehen habe, und es waren Gedanken, die sich in eine ähnliche Richtung bewegten wie die des »Friedenspräsidenten« Kaufman. Wie mache ich die Deutschen für alle Zeit unschädlich? Die Sterilisation schien ein zu absurder Plan. Da hatte der Harvard-Professor E. A. Hooton im Januar 1943 eine ganz andere Idee, deren Verwirklichung er nicht mehr miterleben durfte: die Deutschen ruhig zu stellen durch Veränderung ihrer Erbanlagen. Die angeborene Mordlust aus den Deutschen *herauszüchten*. Durch massenhafte Einwanderung von Ausländern. Eine Idee, kein bisschen weniger rassistisch als die Himmlers und Rosenbergs, das deutsche Volk durch Fortpflanzung blonder und besonders »arisch« aussehender Volksgenossen *aufzunorden*, ein auch in Deutschland eher bewitzeltes Vorhaben.

Am 4. Januar 1944 veröffentlichte das weit verbreitete amerikanische *Peabody Magazin* (PM) eine Umfrage, an der immerhin auch Albert Einstein und Thomas Mann teilnahmen. Die Frage hieß, was man nach Kriegsende mit den Deutschen machen sollte: *Should We Kill the Germans – or Save Them?* (Sollen wir die Deutschen töten – oder retten?). Der angesehene Anthropologe Hooton schlug vor, die Aggressivität aus dem deutschen Volk »herauszuzüchten«, denn Hooton glaubte offenbar, genau wie Kaufman, an eine erbliche Veranlagung der Deutschen für Aggressionskriege, die man, unter Anwendung der Mendel'schen Gesetze, aus den Deutschen herauszüchten solle.

Dieses Ziel könne leicht erreicht werden, wenn man die deutschen Soldaten 20 Jahre lang in Zwangsarbeitslagern im Ausland festhalten und in der Zwischenzeit Ehen mit den Besatzungssoldaten und die *Einwanderung* nicht deutscher Männer fördere. Auf diese Weise lasse sich die Anzahl der »reinen Deutschen« (*pure Germans*, gemeint sind eindeutig rein*rassige* Deutsche) erheblich verringern. *Breed War Strain out of Germans* (Züchtet die Kriegslust[27] aus den Deutschen heraus) hieß die Überschrift seiner Thesen, die er am 11. Oktober in der *New York Times* in einem Interview noch einmal wiederholte.

Hier erklärt er noch einmal, dass es ein Irrtum sei, von guten und bösen Deutschen zu sprechen. Die »einzigen guten Deutschen« seien die Beweglichen und die Toten«. Und die Beweglichen (gemeint waren wohl die Emigrierten) seien aus Deutschland weggezogen.[28]

11.
Deutschland – zurück in die Bronzezeit.
Der US-Finanzminister macht einen Plan

Andere dachten ähnlich. Nach seiner Unterredung mit Roosevelt machte Finanzminister Morgenthau sich ans Werk und entwickelte den nach ihm benannten Plan für die Zeit nach einer deutschen Kapitulation, den berühmten *Morgenthau-Plan.*

Während die Vorschläge anderer Kabinettskollegen, von Morgenthau verächtlich *soft peace boys* genannt, eine maßvolle Politik gegenüber einem zukünftigen Nachkriegsdeutschland befürworteten, sah Morgenthau nur in einer Teilung des Landes in mehrere Staaten und in einem Abbau der gesamten Großindustrie eine Garantie gegen ein Wiederaufleben der deutschen Gefahr.

So sollten alle großen Industrieanlagen, soweit sie nicht ohnehin durch den Krieg zerstört waren, demontiert und Deutschland in ein reines Agrarland verwandelt werden. Nach der Abtretung Ostpreußens und Schlesiens an Polen, des Saarlands an Frankreich und der Bildung einer »Internationalen Zone«, die das Rheinland, Westfalen, das Gebiet zwischen Mosel und Rhein und die Nordseeküste bis zum Nord-Ostsee-Kanal umfassen würde, sollte das verbleibende Rumpfdeutschland in zwei getrennte (!) Staaten aufgeteilt werden.

Gegen den anfänglichen Widerstand von Winston Churchill wurde der Morgenthau-Plan am 15. September 1944 auf einem Treffen zwischen Roosevelt und Churchill beschlossen.

Am 27. September zog Roosevelt, nach Protesten von Außenminister Hull, Kriegsminister Stimson und einem sehr negativen Echo in der amerikanischen Presse, seine Unterschrift unter dem Papier zurück. Zwölf Tage lang aber war der Morgenthau-Plan das offizielle Programm der

Alliierten für die Zeit nach einer deutschen Niederlage gewesen. Lange genug, um der Goebbels-Propaganda einen Anlass zu bieten, unter Berufung auf diesen monströsen Plan der ausgebluteten und kriegsmüden Bevölkerung noch einmal das Äußerste an Kriegsanstrengungen abzunötigen und die deutschen Soldaten – auch im Westen – zu motivieren, den Krieg mit unverminderter Härte weiterzuführen. »Es ist, als hätte Morgenthau Hitler zehn neue Divisionen geschenkt«, urteilten amerikanische Kritiker.[29]

Sicher ist, dass durch den Morgenthau-Plan der Krieg verlängert wurde und, gerade im letzten Kriegsjahr, eine besonders große Anzahl von Todesopfern gekostet hat und heute – 57 Jahre nach Ende des Krieges – noch Munition für die Propaganda antisemitischer Rechtsextremisten liefert.

12.
Was tun mit Deutschland?
Mordlust als Folge einer Evolutionsstörung?

Der Morgenthau-Plan war, nicht zuletzt aus wirtschaftlichen Erwägungen, fallen gelassen worden. Die Gedanken Kaufmans und Morgenthaus aber gewannen in den USA eher noch an Anhängern. Diese Stimmung kam nicht von ungefähr. Sie wurde auch angeheizt. Bemerkenswert ist, dass sich die Agitation angesichts einer sich abzeichnenden Niederlage des Hitlerregimes immer weniger gegen Hitler und seine Gefolgsleute, Generäle und Parteibonzen richtete, sondern in zunehmendem Maße gegen *die Deutschen.*

Die Agitation gegen Hitler und die Bonzen durch Lautsprecher an der Front und durch Radiosendungen mit Verlesung von Listen von deutschen Gefallenen und Gefangenen und Aufrufe zur Desertion (Kommt zu uns, hier gibt es Knäckebrot!) und Radiopropaganda gegen die deutschen Sender liefen weiter auf vollen Touren, ohne großen Erfolg übrigens, und vielleicht auch deshalb hatten die neuen Propagandasendungen und -schriften jetzt eine andere Botschaft. Sie richten sich gegen *die Deutschen.* Als Volk. Sie wenden sich an die englischen und amerikanischen Bürger, die jetzt davor bewahrt werden sollen, sentimental zu werden.

Bloß nicht sentimental werden, heißt die Botschaft der neuen Propaganda an die Amerikaner und ihre Soldaten. Dazu passte das Buch des amerikanischen Buchautors Louis Nizer »What to do with Germany?«[30]:

»Die Deutschen haben eine Philosophie entwickelt, die aus dem Krieg eine Religion macht und aus Massenmord einen Kult. Sie betrachten es als ihre Mission, alle anderen Völker zu versklaven. Sie verwerfen die Lehre von der Heiligkeit des menschlichen Lebens und der Freiheit und ersetzen sie durch das Ideal des Krieges.«

Da Nizer die Vermutungen der Historiker kennt, dass der Aufstieg Hitlers vor allem der Empörung über den Versailler Vertrag und der Arbeitslosigkeit zu danken sei, beugt er vor: »Der Nazismus ist keine Theorie, geboren aus der Ungerechtigkeit des Versailler Vertrages oder aus wirtschaftlicher Notlage. Er ist ein Ausdruck deutscher Bestrebungen, die in Jahrhunderten ihren Niederschlag gefunden haben. Es gab einen Kaiser vor Hitler und Bismarck vor dem Kaiser und Friedrich den Großen vor Bismarck – in der Tat sind 2000 Jahre deutschen Wesens *(!)* dafür verantwortlich. Es ist eine Verschwörung gegen den Weltfrieden, eine Verschwörung, die in der Niederlage nie abgestorben ist. Sie ist dem Volk angeboren ...«

Da haben wir das Wort *angeboren,* das Kaufman schon 1940 erfand. Ausdruck eines lupenreinen Rassismus, nicht verwunderlich in einem Land, in dem der alltägliche Rassismus weit verbreitet und als Rassentrennung sogar noch Staatsräson ist. Die deutschen Philosophen, allen voran natürlich der immer falsch verstandene Nietzsche, haben die gefährlichen Eigenschaften der deutschen Barbaren nach Nizer noch verfeinert: »Die deutsche Philosophie ist aus der Barbarei entstanden und durch Kultur verfeinert und gefährlicher gemacht worden. Sie bleibt jedoch eine Philosophie von Zähnen und Klauen, modernisiert durch Flugzeug-Zähne und Panzer-Klauen. Die Jahrhunderte haben sie nicht geändert. Der Evolution des Menschen, die seine geistigen Fähigkeiten entwickelt hat, haben die Deutschen getrotzt.«

Schon von Kaufman hatten wir das Wort von der angeborenen *(inbred)* Mordlust gehört, Hooton hatte statt der Ausrottung des deutschen Volks (durch Sterilisierung) die Rassenmischung durch Einwanderung vorgeschlagen und Morgenthau das Verhungern von 30 Millionen in einer entindustrialisierten Zone in Kauf nehmen wollen.[31]

1944 werden solche Vorschläge nicht mehr verlacht, wie einst Kaufmans Sterilisationsphantasien. Der Präsident selbst macht *Louis Nizer* zum Bestseller. Das Buch wird in 100.000 Exemplaren auf billigem Papier gedruckt und auf Anweisung von Oberbefehlshaber General Eisenhower an die amerikanischen Soldaten verteilt. Roosevelts Nachfolger Harry S. Truman schreibt in der Ausgabe für die Truppe: »Jeder in diesem Land sollte es lesen.«

Bücher wie das von Louis Nizer sollen offenbar die Nachkriegspolitik vorbereiten, sollen darlegen, dass *die Deutschen* keine gewöhnlichen Menschen wie du und ich, sondern eine entartete Spezies, eine Fehlentwicklung der Evolution sind. Die Frage hieß eigentlich nicht mehr: *Was sollen wir mit Deutschland tun?*, sondern: Was sollen wir mit der *Rasse* der Deutschen tun? Der Geist des Rassismus schien endgültig Besitz von den Siegern ergriffen zu haben, auch von Russen, Polen und Tschechen, wie wir noch sehen werden.

Bücher wie Nizer sollten nicht nur die eigene Moral im Kampf gegen Hitlerdeutschland stärken, sondern auch die »Gefühlsduselei« der englischen und amerikanischen Öffentlichkeit herabmindern. Etwa gegenüber den Bildern von verbrannten und verstümmelten Bombenopfern und den Berichten von den Gräueln der Russen und Polen bei der Vertreibung der deutschen Bevölkerung aus Ostpreußen, die im März 1945 bekannt wurden.

So sah sich der Oppositionsführer im britischen Unterhaus, Clement Attlee, am 1. März 1945 veranlasst, über die Deutschen zu erklären: »Sie haben kein Recht, die Grundlage der Moralgesetze zu beschwören, die sie selbst nicht beachtet haben, oder auf Mitleid und Gnade zu rechnen, die sie niemals andern zuteil werden ließen.« Clement Attlee wurde wenig später, nach dem Wahlsieg der Labour-Party, zum Premierminister Großbritanniens. Im britischen Oberhaus ergänzte der Earl of Mansfield am 8. März 1945, er sähe »keinen Grund, warum wir nicht, wenn schon nicht mit Gleichmut, so doch ohne unangebrachte Bestürzung, die unvermeidlichen Leiden in Kauf nehmen sollten, denen die deutschen Minderheiten im Zuge ihrer Umsiedlung ausgesetzt werden könnten«[32].

Vae victis. Hören wir diese Botschaft nicht noch im Jahre 2002 bei jeder öffentlichen Diskussion oder Fernsehsendung über Dresden, Swinemünde und Pforzheim, bei den Jahrestagen der Massaker von Brünn und Aussig? Doch es sind nicht die Engländer oder Amerikaner, die uns bei jeder Trauerfeier und Gedenkstunde statt einem versöhnlichen Amen das große »Aber« der Kollektivschuld vorhalten.

Es sind die Deutschen selbst, unsere wichtigsten Meinungsführer, die beweisen wollen, dass zwar das Volk, der große Lümmel, seine Lektion nicht gelernt hat, aber wenigstens sie, die Gutmenschen aller Parteien und Altersstufen von Rau bis Rosh. Nicht mit Gleichmut, aber ohne unangebrachte Bestürzung reagierte Lea Rosh, als ich sie in einer Fernsehdiskussion fragte, ob sie auch ein Mahnmal für die *deutschen* Opfer bauen würde. Ihre Antwort war: »Nein.«

13.
Radikaler als der Morgenthau-Plan:
Die Umerziehung

Irgendwann zwischen dem 15. und 27. September 1944 muss Roosevelt und seinen Beratern aufgegangen sein, dass der Morgenthau-Plan ebenso aberwitzig und unzweckmäßig war wie der 1940 geschriebene Kaufman-Plan. Dass es niemand nützen würde, die deutsche Industrie zu zerstören und die Deutschen für alle Zeiten zu verteufeln. Der künftige Ost-West-Konflikt warf bereits deutlich seine Schatten voraus. Man würde nicht nur die deutsche Industrie, vielleicht sogar die Deutschen beim Kampf gegen den Kommunismus brauchen. Es müsste auch andere Mittel geben, die Deutschen daran zu hindern, wieder ihrer »Mordlust« freien Lauf zu lassen und einen Krieg zu beginnen. Das war die Stunde, in der die *Reeducation* geboren wurde. Oder, wie der treffendere deutsche Ausdruck lautete: die *Umerziehung* des deutschen Volks.

Die historische Fairness gebietet es nachzutragen, dass auch die *Umerziehung* schon von Kaufman vorgeschlagen worden war. So unbedeutend, wie die Geschichtsschreiber der Nachkriegszeit es später gern darstellten, war der Sterilisierungsfanatiker keineswegs, denn er entwickelte schon 1942, vor allen anderen, das Prinzip der *Umerziehung*. In einem zweiten, 1942 erschienenen Buch »No more German Wars«[33].

Dieser *zweite* Kaufman-Plan ist womöglich noch erstaunlicher als der erste, denn er enthält, in zehn Punkten, eine ziemlich genaue Beschreibung dessen, was nach der Kapitulation von den Alliierten unternommen wurde: die Abtrennung der Ostgebiete, die Verlegung der Hauptstadt von Berlin in den Westen des Landes, die Umerziehung, vor allem der deutschen Jugend, die Überwachung von Presse und Rundfunk durch die Militärregierung, einen alliierten

Wirtschaftsrat zur Kontrolle der Produktion und des Außenhandels und sogar eine Währungsreform.

Verrückt war Theodore N. Kaufman jedenfalls nicht, es sei denn, man bezeichne die Überzeugung, alle Deutschen seien von Hause aus mordlüstern und antisemitisch und alle 18 Millionen Soldaten der Wehrmacht seien Mörder und die Deutschen insgesamt »Hitlers willige Vollstrecker«, als verrückt. Diese Verrücktheit teilten damals aber viele Amerikaner. Einige bis heute.

Gleich nach dem unrühmlichen Ende des Morgenthau-Plans begann deshalb die Vorbereitung der *Reeducation*, der »Wiedererziehung« des deutschen Volks, bald *Umerziehung* genannt. Noch während des Krieges, 1943, begannen amerikanische Offiziere mit der Arbeit. In der »Abteilung für psychologische Kriegführung« im amerikanischen Hauptquartier und auch in der der britischen Armee, in der Rundfunkpropaganda, als Kommentatoren und Autoren von Flugschriften und Flugblättern. Nach Ende des Krieges gingen einige von ihnen nach Deutschland und begannen mit ihrer Arbeit in dem zerstörten und desorganisierten Land eine Aufgabe, auf die sie teilweise schon seit Jahren vorbereitet worden waren.

Dabei ging es nicht nur um so nahe liegende Aufgaben wie die Ausschaltung aller NSDAP-Mitglieder aus öffentlichen Ämtern und die Einrichtung einer demokratischen Selbstverwaltung auf unterer Ebene. Es ging um die Umerziehung der Köpfe. Gehirnwäsche wäre auch kein falscher Ausdruck. Was dabei herauskam, war oft erstaunlich und sitzt tief. Bis heute.

14.
Erziehungsziel:
Die Unfähigkeit zu lieben

Wollte man, noch nachhaltiger als Kaufman, Morgenthau und Hooton es gefordert hatten, für *alle Zeiten* eine Wiederbelebung des »aggressiven deutschen Volkscharakters« verhindern, musste man mehr erzeugen als ein massenhaftes Gefühl der Betroffenheit über die Kriegsverbrechen Hitlers. Alle Deutschen sollten sich ohne Unterschied ihrer Verwicklung in Handlungen des NS-Regimes *kollektiv* schuldig fühlen.

Wenn man die deutsche Gefahr ein für alle Mal aus der Welt verbannen wollte, mussten die Deutschen dabei mitwirken, sich selbst des aggressiven Charakters bezichtigen, ihre Mitschuld – und Mithaftung – an Hitlers Angriffskrieg und den Judenmorden im Osten bekennen und auch die Vergangenheit Deutschlands unter dem Gesichtspunkt untersuchen, wie weit sie seit 2000 Jahren eine bloße Vorbereitung auf die Verbrechen des Hitlerregimes gewesen war. Überspitzt bedeutete das, Hermann dem Cherusker die Mitschuld an dem Überfall auf die Sowjetunion zuzuschreiben.

Oder die Geschichte zu leugnen, die zu dieser furchtbaren Schuld geführt hatte. Wenn die deutsche Geschichte nur die Vorbereitung auf die Verbrechen der NS-Zeit, die furchtbaren Verbrechen eine natürliche Folge der deutschen Geschichte und notwendiger Ausfluss des angeborenen deutschen Volkscharakters gewesen waren, musste die deutsche Geschichte sozusagen abgestritten werden wie ein Vorwurf vor Gericht.

Das bedeutete im Endeffekt, die eigene Identität infrage zu stellen und die Zugehörigkeit zu diesem Mördervolk zu leugnen, und so, ganz ohne Zwang und Anordnung der Militärregierung, würden sich allmählich jedes Zusammengehörigkeitsgefühl und jede Selbstachtung verlieren. Ja, sogar die *Selbstwahrnehmung* war zu verdammen, außer als diese eine, ewige, möglichst viele Generationen übergreifende kollektive Scham.

Nicht die Fähigkeit zu trauern war geboten, sondern die Unfähigkeit zu lieben. Sich selbst, seine Sprache, seine Kultur, seine Sitten und seine Geschichte zu lieben. Ja, die Geschichte selbst musste gewissermaßen aus dem Bewusstsein abgetrieben werden, die kollektive Erinnerung manipuliert, das Gedächtnis »übermalt« werden, wie eine verwitterte Kirchenmalerei.

15.
Gibt es denn nur Nazis?
Umerzieher in Personalnot

Jeder, der ein so gewaltiges und gewalttätiges Projekt wie die Umerziehung eines 80-Millionen-Volkes plante, musste sich darüber im Klaren sein, dass es sich außerordentlich schwierig sein würde, die Deutschen davon zu überzeugen, dass es sich auch ohne Geschichte und also auch ohne Identität ganz gut leben ließe, wie Peter Schlehmil nach dem Verkauf seines Schattens. Aber niemand würde diese große Operation so gut durchführen können wie die Deutschen selbst, angeleitet durch ihre traditionellen Meinungsbildner, ihre Hochschullehrer, Lehrer, Schriftsteller und Journalisten.

Diese waren zum großen Teil Parteimitglieder der NSDAP, zumindest aber Mitläufer des Hitlerregimes gewesen. Diesen Teil der *opinion leader* müsste man komplett auswechseln oder, wenn das aus Mangel an qualifizierten Kräften nicht sogleich möglich war, von der Kollektivschuld überzeugen.

Die ganze Operation müsste in der Anfangsphase von Kennern der deutschen Verhältnisse kontrolliert und überwacht werden. Amerikanische Sozialwissenschaftler und Psychologen übernahmen die Arbeit. Darunter waren, schon wegen ihrer guten Kenntnis der deutschen Sprache und der Verhältnisse des Landes, naturgemäß viele ehemalige deutsche Emigranten. Ein prominentes Beispiel ist Herbert Marcuse, der einstige Mitbegründer des »Frankfurter Instituts für Sozialforschung«, besser bekannt als *Frankfurter Schule*, auf die wir noch zu sprechen kommen. Marcuse war ab 1942 Sektionschef im US-Außenministerium und in der Spionageabwehr (Office of Strategic Services, OSS) tätig. Ein weiterer prominenter Mitarbeiter des OSS war der später in der DDR lebende Schriftsteller Stefan Heym, der den Rang eines Majors erreichte. Sie hatten schon ab 1943 in der »Abteilung für psychologische Kriegführung« im amerikanischen Hauptquartier gearbeitet und halfen nun bei der Durchführung der »Reeducation«. Als Presse- und Informationsoffiziere, die, noch in amerikanischen und englischen Uniformen, in der »Abteilung für Informationskontrolle« saßen und in den noch unzerstört gebliebenen Rundfunksendern, Verlagen und Zeitungshäusern die ersten Rundfunksendungen, Bücher und Zeitungen für die Deutschen herausgaben und später an zuverlässig und »unbelastet« erscheinende Deutsche Lizenzen für Zeitungen, Verlage und Rundfunksender erteilten.

Hier konnte sehr schnell die gewünschte »Umerziehung« in Angriff genommen werden. Nach einer vorangegangenen Überprüfung und Umerziehung der Journalisten selbst, die als Kriegsberichterstatter, Journalisten oder Theaterkritiker für das Hitlerregime gearbeitet hatten und sich nun glaubhaft davon distanzierten wie Rudolf Augstein, Marion Gräfin Dönhoff, Henry Nannen, Peter von Zahn, Werner Höfer und viele andere später nicht so prominent gewordene Weggefährten.

Das Lizenzsystem – ein Mittel zur Änderung des deutschen Volkscharakters? Grundsätzlich war die Herstellung und Veröffentlichung von Druckerzeugnissen, Filmen, Schallplatten, der Betrieb von Rundfunkstationen, die Veranstaltung von Schauspielen und anderen Aufführungen nur mit Lizenz der Militärregierung erlaubt. Vom Lizenzempfang waren alle Personen, die den Nazismus oder »Militarismus« unterstützt hatten (darunter verstand man auch Personen, die nicht Parteimitglieder waren, zum Beispiel Offiziere), ausgeschlossen, aber auch Wirtschaftsführer und so genannte »reaktionäre Antinazis«, das heißt adelige Großgrundbesitzer, zu denen auch die 20.-Juli-Verschwörer gehörten. Die Zulassung konnte jederzeit sofort und ohne Untersuchung zurückgezogen werden. So waren die Lizenzträger gezwungen, sich das Wohlwollen der Nachrichtenkontrolloffiziere durch ständige Betonung ihrer demokratischen »antifaschistischen« Gesinnung zu sichern.

Unter den Lizenzträgern gehörte nur der Nationalbolschewist Joseph E. Drexel (»Nürnberger Nachrichten«) dem (proöstlichen) Flügel der deutschen Konservativen an. Alle Übrigen vertraten entweder die sozialistische oder liberale Linke oder eine klerikal-föderative Richtung (Kapfinger, Schoeningh). Wer eine Lizenz erhalten wollte, musste mit den so genannten »demokratischen« Kräften, also vor allem mit Sozialdemokraten, aber auch mit Kommunisten zusammenarbeiten. Zu den Lizenzträgern der »Frankfurter Rundschau« gehörte neben Karl Gerold anfangs auch ein Kommunist.

Die künftigen Lizenzträger wurden im so genannten »Screening Center« (ICD) in Bad Orb psychologisch durchleuchtet. Leiter dieser Behörde war ein amerikanischer Psychoanalytiker, David Mardochai Levy. Die Prüfungen wurden von einem »Spezialisten für Nationalsozialismus«, einem Psychologen und einem Psychiater vorgenommen, nach Gesichtspunkten, mit denen auch während der 68er-Revolte noch die Marcuse lesenden Studenten ihre Mitbürger auf ihre demokratische Zuverlässigkeit überprüften.

Grundsätzlich ging man von der These aus, dass der Deutsche sich in seiner Charakterstruktur von allen übrigen Völkern unterscheide. Die typisch deutsche Charakterstruktur sei autoritär und damit dem Faschismus gefährlich nahe. Also wollte die Gruppe des Dr. Levy diejenigen Kandidaten finden, deren Verhalten sie im NS-Deutschland zu Außenseitern gemacht habe und die nun den Umschulungsprozess am besten vorantreiben könnten.

Die Einstellung des Bewerbers zur Familie, besonders zum eigenen Vater, war ein wichtiger Prüfstein für seine Auffassung von Demokratie. Der deutsche Vater, glaubte man damals, herrsche autoritär, usw. Das verwundert nicht weiter, denn der Schöpfer dieser These, Herbert Marcuse, war ja einer der führenden Köpfe der Umerziehung. So konnten die Prüfer an den deutschen Lizenzanwärtern ihre kuriosen Tests erproben, denen sich in ihrem Heimatland USA kein Zeitungsverleger unterworfen hätte. Der autoritäre Charakter, den ja auch Adorno und Horkheimer an allen Orten suchten, wurde beim deutschen Familienvater besonders häufig aufgespürt. Außer seiner Frau müsse sich auch das Kind bedingungslos unterwerfen und daraus resultiere insgesamt die Aggressivität und Grausamkeit des deutschen Erwachsenen. Jedes Kind müsse ja die Grundwerte der deutschen Familie, nämlich Disziplin, Ordnung, Sauberkeit und Männlichkeit, verinnerlichen, sonst werde es zum Außenseiter. Außenseiter aber suchten die Prüfer.

Unter anderem schloss man von der möglichst frühen Aufnahme des Geschlechtsverkehrs auf eine demokratische Gesinnung des Bewerbers![34]

Ein großer Teil der Reeducation war wirklich, wie schon Kurt Schumacher erkannte »unentschuldbarer Unsinn«[35]. Zur Ehre der meisten Lizenzträger sei gesagt, dass sie diese Meinung durchaus teilten und sich später über die als Psychoanalytiker auftretende Laienspiel-Spielgruppe des Dr. Levy köstlich amüsierten.

Langsam kam das Pressewesen wieder in Gang. Wenn möglich, setzte man bewährte Emigranten als Herausgeber und Chefredakteure von Zeitungen ein, wie in der amerikanischen Besatzungszone den aus Wien stammenden Journalisten Hans Habe, der die in den ersten Nachkriegsjahren tonangebende »Neue Zeitung« herausgab. Das Angebot an geeigneten Emigranten reichte aber bei weitem nicht aus, alle wichtigen Posten zu besetzen, so leitete das Feuilleton der »Neuen Zeitung« Erich Kästner, dessen Werke zwar bei der Bücherverbrennung indiziert worden waren, der aber, durchaus mit Wissen von Goebbels, unter einem Pseudonym als gut bezahlter Drehbuchautor bei der UFA tätig gewesen war und sich zur »inneren Emigration« zählte. Das nahm allmählich jeder Mitläufer der Nationalsozialisten für sich in Anspruch.

Anders war die Lage an den Universitäten, deren Betrieb nach einiger Zeit wieder aufgenommen wurde und an dessen »unpolitischen« Fakultäten wie Theologie, Medizin und Naturwissenschaften schnell wieder Studenten und Studentinnen eingeschrieben wurden, um ihre jahrelang versäumte Ausbildung nachzuholen oder zu beginnen. Außer besonders exponierten Anhängern des NS-Regimes blieben hier die meisten Professoren, die den Krieg überlebt hatten, im Amt, auch bei den Juristen, was später von den 68ern als Ursache für das von ihnen beklagte harte Vorgehen gegen linke Demonstranten und zu große Milde bei den Verurteilungen von NS-Verbrechern angesehen wurde.

Doch war die Holzhammer-Methode in der sowjetischen Besatzungszone, wo man jegliche juristische Ausbildung überflüssig fand und einfach »bewährte«, das heißt kommunistische Arbeiter als »Volksrichter« einsetzte, eben nur in einer Diktatur möglich, die sich von dem Hitlerregime nur durch die Farbe unterschied. Das galt auch für die antifaschistischen »Volkslehrer«, die in der Anfangszeit der DDR einige Jahre ohne Ausbildung amtierten und sicher für den heute noch dort nachwirkenden politischen Bildungsnotstand mitverantwortlich sind.

Den Lehrern und ihrer Ausbildung galt auch in der britischen und amerikanischen Besatzungszone die besondere Aufmerksamkeit der Umerzieher, die sich auf diejenigen Fächer der philosophischen Fakultäten konzentrierten, die für die Ausbildung der Lehrer an Volksschulen und Gymnasien maßgeblich sind. An den Universitäten wurden ganz neue Fächer eingerichtet, wie die Politologie, zunächst im sozialdemokratisch regierten Hessen, später im gesamten Bundesgebiet. Dieser Fachbereich erwies sich später als eines der besten Instrumente bei der »Charakterwäsche«[36] der Deutschen. Diese Lehrstühle wurden aus Mangel an geeigneten Kandidaten vorwiegend mit Emigranten besetzt.

Für die übrigen Fakultäten reichte es nicht. Ein breiter Bestand an regimekritischen Professoren oder gar aktiven

Regimegegnern war hier nicht vorhanden, die wenigen Hitlergegner waren längst emigriert und hatten sich oft genug in ihren Gastgeberländern eingerichtet. So musste man auch hier mit der großen Zahl derer auskommen, die sich als unpolitisch empfanden oder sich nachträglich der »inneren Emigration« zurechneten.

16.
»Mein Seminar ist wie eine Talmud-Schule«, freute sich Adorno

Am wirkungsvollsten und bis heute nachhaltigsten von allen Umerziehungsmaßnahmen erwies sich die Rückholung der »Frankfurter Schule« nach Deutschland.

1949 kehrt Max Horkheimer, der das »Institut für Sozialforschung« in Frankfurt nach seiner Schließung im März 1934 an der Columbia-Universität in New York weitergeführt hatte, nach Deutschland zurück und wird in Frankfurt sogleich zum Ordinarius der Soziologie gemacht. 1951 und 1952 ist er Rektor der Universität. Im gleichen Jahr lehrt auch Theodor W. Adorno wieder in Deutschland. 1950 wird das 1933 geschlossene »Institut für Sozialforschung« wieder eröffnet.

Auch Friedrich Pollock, Leo Löwenthal, Erich Fromm und Herbert Marcuse gehören zu den prominenten Vertretern der so genannten »Kritischen Theorie«, die sich um die Erziehung der deutschen Intelligenz bemühen. Mit großem Erfolg. »Mein Seminar«, schrieb der eben zurückgekehrte Adorno 1949 an seinen Kollegen Leo Löwenthal, »gleicht einer Talmud-Schule, es ist, wie wenn die Geister der ermordeten jüdischen Intellektuellen in die deutschen Studenten gefahren wären.«[37]

Wie sah nun die Arbeit am »Institut für Sozialforschung« aus? Ein für unser Thema hochinteressantes Beispiel für die Arbeit Adornos, die gar nicht nur in abgehobenen philosophischen Erörterungen, sondern in höchst praktischer Feldarbeit bestand, schildert ein ehemaliger Student in der *Frankfurter Allgemeinen Zeitung*. Man lud verschiedene Personen aus der Stadt zu einem Gruppengespräch über den Krieg. Ein ehemaliger Angehöriger der Luftwaffe berichtete über den furchtbaren Luftangriff der Alliierten vom Frühjahr 1945 auf Dresden (über den noch berichtet wird). Der Soldat meinte, es habe keinerlei militärische Notwendigkeit für die Bombardierung bestanden, der ganze Angriff sei ein Kriegsverbrechen gewesen.

Laut Protokoll sagte der Soldat, die Nazis seien zwar die »größten Gangster« gewesen, aber »dass der Amerikaner so human wäre, ist auch nicht der Fall«. Dieses Protokoll wird in der Studie »Schuld und Abwehr« veröffentlicht, und Adorno kommentiert den Bericht über Dresden als leicht durchschaubare Schutzbehauptungen eines Angeklagten, als typische »Schuldabwehr durch die Deutschen«, die in den Gruppensitzungen häufig zum Thema Luftkrieg gesprochen hätten. Der ehemalige Schüler Adornos und jetzige FAZ-Redakteur Lorenz Jäger stellt jedoch fest, dass Adorno die Frage des Luftwaffensoldaten ebenfalls »abgewehrt« habe – durch seine überlegene Ironie.[38]

Das Thema Bombenkrieg ließ den Stammvater der 68er auch 20 Jahre später noch nicht los. In einer Vorlesung rühmte er die positiven Auswirkungen des Bombenkriegs, wie die »Amerikanisierung des Städtebildes, Verbesserungen der Hygiene und ähnlicher Dinge«, weil »wegen der leichteren Brennbarkeit die alten, zum Teil noch mittelalterlichen Stadtkerne vernichtet und verbrannt worden sind«. Der Adorno-Schüler Lorenz Jäger kommentiert diesen Spruch seines ehemaligen Meisters kritisch: »Buchstäblich wie ein Phönix aus der Asche erhebt sich die kapitalistische Moderne nun auch in Deutschland, nachdem die letzten Hindernisse geräumt wurden.« Durch Verbrennen und Vernichten.

Ein gutes Beispiel für die Manipulation von Erinnerungen, die Relativierung des historischen Gedächtnisses und »Übermalung« der erinnerten Bilder, wie sie dann für eine ganze Epoche in der Bundesrepublik typisch wurden.

Fast unüberschaubar ist die Anzahl der Schüler der *Kritischen Theorie,* von denen hier nur als die einflussreichsten der spätere hessische Kultusminister Ludwig von Friedeburg und der Philosoph und Soziologe Jürgen Habermas genannt seien. Unüberschaubar die Zahl der von der Frankfurter Schule und ihren Schülern ausgebildeten oder beeinflussten Hochschullehrer, Lehrer und Journalisten aller Medien, die Anzahl ihrer Veröffentlichungen und Vorträge. Ihre Auswirkung dauert bis heute an, während anderen Umerziehungsversuchen wenig Erfolg beschieden war. Sowohl die sehr pauschal durchgeführte und bald nur noch belächelte Entnazifizierung[39], aber auch die anlässlich der Nürnberger Kriegsverbrecherprozesse mit einem großen Aufwand geführte Debatte über die *Kollektivschuld* der Deutschen waren in der Bevölkerung wenig populär.

17.
Die Kollektivschuld –
eine Kopfgeburt aus dem Geist
des Alten Testaments

Der U-Boot-Held des Ersten Weltkriegs und spätere Hitlergegner Pastor Niemöller trat 1948 mit seiner These von
einer kollektiven Schuld des deutschen Volkes an den NS-
Verbrechen auf, die im Grunde an die pauschale Verdam-
mung von Kaufman, Nizer, Morgenthau oder Hooton an-
knüpft. Nun forderte er als erster Deutscher sein Volk auf,
sich zu dieser *Kollektivschuld* an den NS-Verbrechen zu bekennen. Diese Aufforderung war sehr unpopulär, zumal
auch die Sozialdemokraten, besonders der Vorsitzende der
SPD, Kurt Schumacher, sie erbittert angriffen und sich
gegen die gewünschte »Zerknirschungsmentalität« wand-
ten.[40]

Die Kollektivschuld – ein seltsames Konstrukt, in dem
alte biblische Rechtsbegriffe, Sühneregelungen und Erb-
sünde-Mythen enthalten sind, verschwand mit Heraufzie-
hen des Koreakonflikts und der Ost-West-Spannung überraschend schnell aus den Debatten. Einwendungen Israels
oder jüdischer Organisationen in den USA wurden von
Adenauer mit amerikanischer Vermittlung durch gaganti-
sche Zahlungen an den jungen Staat Israel als eine Art Blut-
geld für die getöteten Juden in Europa abgegolten. Israel
war es zufrieden, die jüdischen Gemeinden in Deutschland
oft nicht, sie wollten mehr als Geld, die Anerkennung der
Kollektivschuld, der Mitverantwortung *aller* Deutschen,
eine Sonderstellung für sich selbst.

Mit Beginn des Koreakrieges, dem der jahrzehntelange
Kalte Krieg folgte, währenddessen in der Bundesrepublik
eine eigene Währung und die sozialen Marktwirtschaft eingeführt wurden und die Bundesrepublik Deutschland zu
einer international angesehenen Wirtschaftsmacht aufstieg,

gerieten die Umerziehung und die Kollektivschuld vollends in Vergessenheit.

Nicht jedoch die Lehren der »Kritischen Theorie«. Nach dem Ende des Kalten Krieges und dem Beginn der Entspannungspolitik (Koexistenz) beginnt deshalb mit der 1967 einsetzenden Studentenbewegung, die theoretisch unter dem Einfluss der Frankfurter Schule stand, nicht nur eine Abwertung aller Werte, deren verheerende Folgen bis heute nachwirken, sondern eine zweite, noch nachhaltiger wirksame Welle der Umerziehung, getragen von dem ethischen Rigorismus der 68er.

Die neuen Rebellen ließen die Diskussionen von 1946 über eine Kollektivschuld wieder aufleben und brachten das Kunststück fertig, auch die alte kommunistische Kampflosung vom *Antifaschismus* wieder aufzunehmen. Mit dieser Losung hatte Stalin schon seit 1926 versucht, den Kampf gegen die beiden totalitären Ideologien (Kommunismus und Nationalsozialismus) zu lähmen und sie in eine *nur* »antifaschistische« Richtung zu wenden. Bis 1935 wurden auch die Sozialdemokraten als »Sozialfaschisten« von den Antifaschisten bekämpft.[41] Jetzt wurde die alte Stalin'sche Mogelpackung neu aufgelegt.

Unter dem Ansturm der neuen, von den Schülern Horkheimers, Adornos, Marcuses und Fromms verkündeten kollektiven Verantwortung für die NS-Verbrechen, einer Wiedereinführung der Kollektivschuld unter etwas verändertem Namen, zerbrach der antitotalitäre Konsens, der die *raison d'être* der ersten deutschen Bundesrepublik unter Adenauer und auch noch unter Willy Brandt gewesen war. Es entstand, verstärkt durch den erfolgreichen *langen Marsch durch die Institutionen*, ein fast lückenlos verbreitetes Gesinnungskartell, das die Meinungsführerschaft (in ihrem eigenen Jargon die »kulturelle Hegemonie«) in Rundfunk und Fernsehen, Zeitungen, Zeitschriften und Buchverlagen errungen hat und als gesellschaftlich wirksame Macht das Umerziehungsprojekt fortführt und zu vervollkommnen sucht.

Widerstand gegen das kommunistische Regime zu leisten, wurde bald als (blinder) Antikommunismus bekämpft. Das schaffte ein neues Verhältnis zu dem bisher von allen Intellektuellen gleichermaßen verachteten Schurkenstaat DDR.

18.
Die deutsche Spaltung –
eine verdiente Strafe?

Wichtigster Bestandteil des Morgenthau-Plans war neben der Abtrennung eines Drittels von Deutschland im Osten die Teilung des restlichen Deutschlands in zwei Staaten gewesen. Sie wurde nun von vielen deutschen Intellektuellen als gerechte Strafe für die Untaten Hitlers und die kollektive Schuld der Deutschen an den Verbrechen des NS-Regimes angenommen. Dass diese Strafe nur die Bewohner der DDR traf, bedachten sie dabei nicht oder ignorierten den Gedanken.

Leute wie Günter Grass traf daher 1989 der Fall der Mauer und die Wiedervereinigung wie ein Schlag. Die Zerstörung der Vergangenheit und der deutschen Identität sollten ja ewig Bestand haben – statt *op ewig ungedeelt* wollte man am liebsten *op ewig gedeelt* sein. Dies konnte, so glaubten die Propagandisten der Kollektivschuld, nur funktionieren, wenn mit der Basis auch der ideologische Überbau gesäubert werde. Über die Philosophie, die Geschichtswissenschaft und die Publizistik könnte man versuchen, den Unterricht an den Schulen zu beeinflussen. Das Ziel: Weitergabe der »kritischen« Projektionen an die nächste Generation.

Nach der Wiedervereinigung, über die fast alle Deutschen sich ehrlich freuten und in den Ruf »Wir sind ein Volk« überraschend gern einstimmten, geriet das deutsche Volk bei den Tugendwächtern und Gutmenschen, die inzwischen die Fernsehsender und Zeitungen beherrschten, schnell wieder in Verdacht: Man beschuldigte »die Deutschen«, zu denen man sich selbst nicht zählen mochte, trotz aller Umerziehung immer noch nationale Gefühle zu hegen, eine offenkundige Liebe zu ihrem eigenen Land zu zeigen, und sei es nur auf dem Fußballplatz und bei anderen

Sportveranstaltungen, den einzigen Orten, an dem die deutsche Nationalhymne, um zwei Strophen gekürzt, gesungen werden darf, ohne Anstoß zu erregen.

Ein Neunjähriger fragte mich kürzlich, ob dieses Lied nur eine Strophe habe, es war eine ganz harmlose Frage, einem französischen Jungen müsste man die ziemlich gewaltverherrlichenden Verse der Marseillaise nicht vorenthalten, aber deutschen Müttern fällt es schwer zu erklären, warum die Deutschen ihre überlieferte Nationalhymne nicht singen dürfen. Weil ein in ganz Europa als problemlos akzeptierter Patriotismus bei uns als Problem angesehen wird. National zu empfinden, heißt in der Sprache unserer politisch korrekten Gutmenschen grundsätzlich *nationalistisch.*

19.
Die Vorfahren der Deutschen sind –
die Orang-Utans

Seit 1968 machte sich eine ganze Generation von Historikern daran, die deutsche Identität zu einem Wust von
regionalen und religiös-dynastischen Beliebigkeiten herun-
terzudisputieren und zu relativieren. Stichworte und bevor-
zugtes Diskursthema: Regionalismus und Europa. Dazwischen liegt für Franzosen und Italiener, Polen und Griechen
und alle anderen Völker Europas die Nation. Nur für Deutsche sollte es diesen Begriff nach dem Willen der Reformer
nicht geben.

Man erklärte, ebenfalls unter Berufung auf die Autoritä-
ten der Frankfurter Schule, es habe eigentlich nie ein deutsches Volk gegeben vor der Entdeckung des Nationalismus
durch die Französische Revolution. Allenfalls Stämme und
regionale Einheiten. Eine Nation nicht. Keine deutsche
Sprach- und Kulturgemeinschaft – also auch keine deutsche
Geschichte. Erst recht kein deutsches Reich, es sei denn das
von Bismarck bekanntlich mit Blut und Eisen zusammen-
geschmiedete Kaiserreich von 1871, das man unschwer als
eine Vorstufe zu Hitlers Drittem Reich interpretieren konnte. Bis schließlich jener multikulturelle Mix herauskommen
würde, der etwa einem Stadtteilfest in Türkisch-Neukölln
als historisches Unterfutter dienen kann. Kein Wunder, dass
dann am Ende der Diskussion ein steriler, nicht fortpflan-
zungsfähiger Homunkulus herausgekommen ist: der Ver-
fassungspatriotismus.

Eine Erfindung von? Jürgen Habermas.

Wenn die »Gefahr« droht, dass trotz aller öffentlichen
Selbstbezichtigungen und Bußrituale draußen in der Bevölkerung doch so etwas wie ein Nationalgefühl, eine bloße
Selbstwahrnehmung neu entsteht, wie es nach der Wiedervereinigung durch eine Fülle von Publikationen sichtbar

wurde, dann sind die intellektuellen Umschüler aus Adornos Umkreis um eine schnelle Schadensbegrenzung bemüht. Dann räumt beispielsweise die ZEIT eine ganze Seite frei für den Nachweis, dass es eine deutsche Nation nie gegeben habe: »Nation. Die Erfindung der Vergangenheit durch die Gegenwart«, hieß der Beitrag des Adorno-Schülers Rudolf Walther.[42]

Ich zitiere diesen Artikel des Mitarbeiters des renommierten »Lexikons der historischen Grundbegriffe«, weil er beispielhaft ist für die Tätigkeit der Stillen im Lande, von denen Tausende unter uns leben. Zehntausende ihrer Zeitungs- und Zeitschriftenartikel, Funksendungen und Fernsehberichte erscheinen Monat für Monat, Jahr für Jahr.

Der ausführliche Artikel von Walther will uns verblüffen und nachdenklich machen. Uns erklären, dass es eigentlich ein deutsches Volk, eine deutsche Nation, ein deutsches Reich oder ein Land namens Deutschland nie gegeben habe. Das hört sich zunächst befremdlich an, man denkt an jene seltsamen Historiker, die uns vor einiger Zeit weismachen wollten, Karl den Großen habe es eigentlich gar nicht gegeben, alle Nachrichten über ihn stammten aus möglicherweise gefälschten, kirchlichen Quellen, die erst 200 Jahre später entstanden seien.

Nach einer ähnlichen Methode geht Rudolf Walther vor, indem er feststellt, dass alles, was wir in der Schule über das Thema Nation gelernt hätten, im 19. Jahrhundert geschrieben worden sei. Auch das ist bei allen Völkern so. Die Nation sei eine Erfindung der Französischen Revolution und weder den Begriff Deutschland noch Deutsches Reich habe es gegeben, auch nicht den Begriff deutsches Volk. Deutschland schon gar nicht. Nicht einmal der Begriff *deutsch* sei nachweisbar, wenn er vorkomme, bedeute er etwas anderes.

Das ist natürlich erkennbar absurd, verblüfft aber erst mal den, durch zu viel »einerseits-andererseits« ohnehin dauerirritierten ZEIT-Leser, der die zahllosen Belege für nationale Selbstwahrnehmung in der jüngsten Forschung, die keineswegs aus dem 19. Jahrhundert, sondern vom Ende des 20. Jahrhunderts stammen, nicht nachlesen kann. Am Schluss seines Artikels stellt ZEIT-Autor Walther die Behauptung auf, es gebe gar keinen Unterschied zwischen einem »gesunden Nationalgefühl« und »krankem Nationalismus«. Nationalgefühl sei immer pathologisch.

Wenn es eine Zugehörigkeit durch Herkunft und Vorväter gäbe, ruft Walther schließlich triumphierend aus, müssten auch die Orang-Utans deutsches Blut in den Adern haben. Also gibt es keine Nation. Alles klar, das mit den Orang-Utans.

Gilt aber nur für *Deutsche*, müssen wir hinzufügen. Weil wir das »Tätervolk« sind. Das ist eine neue Sprachregelung für die Kollektivschuld – in Analogie zum »Opfervolk«. Schulklassen pilgern mit dem neuen Begriff im Kopf nach Auschwitz und Israel und demonstrieren Betroffenheit. Ihre israelischen Altersgenossen können sich mit dem Begriffspaar heute kaum noch einordnen.

20.
Nach der Wiedervereinigung:
Der dritte Versuch, das Volk zu erziehen

Es setzte die dritte, nunmehr heftigste Welle der Volkserziehung ein. Die Anstrengungen, die Bevölkerung – nun auch die sozusagen neu hinzugekommenen Bürger der ehemaligen DDR – von ihrer *nie vergehenden* Schuld zu überzeugen, wurden womöglich verzehnfacht. Über die Gründe kann nur spekuliert werden. Rechtsextreme und notorisch Misstrauische denken auch hier sogleich an die in dieser Zeit massiven Geldforderungen von Opfergruppen.

Neu ist die Freiwilligkeit der Selbstbezichtigung, die die heutigen Schüler, die dritte Generation des »Tätervolks«, also diejenigen, die nicht einmal einen schuldigen *Urgroß-vater* auffinden können, mühelos aufbringen. Sie hat etwas Beiläufiges. Wo im Juni 1945 noch die Bewohner der britischen Besatzungszone, wie der Schreiber dieser Zeilen, vor der Ausgabe von Lebensmittelkarten den Nachweis erbringen mussten, dass sie den ersten, sehr schlecht gemachten amerikanischen Film über Buchenwald, »Todesmühlen«, gesehen hatten (das Vorzeigen von Kinokarten genügte), gingen die Menschen nun freiwillig dreimal in den Film »Schindlers Liste« von Steven Spielberg und ließen sich wohlig erschüttern von dem Schrecken des Terrors, aber auch von den letztlich edlen Motiven eines »guten Deutschen« wie Schindler.

Das ganze Jahr über werden nach einem wohl durchdachten Terminkalender Trauergottesdienste, Gedenktage, Gedenkwochen, Gedenkjahre, in Auschwitz, in Buchenwald, in Bergen-Belsen, in Maidanek und überall vom Fernsehen übertragen, Museumseröffnungen, Bibliothekseröffnungen, Eröffnungen von Koscher-Restaurants, Konzerte, Theaterpremieren, Filmpremieren, Grundsteinlegungen, Richtfeste, Einweihungen von neuen Synagogen und Kinderheimen,

Krankenhäusern und Altersheimen, Besuche aus Israel, Besuche in Israel und Vorträge vor der jüdischen Gemeinde arrangiert, unter, wie es heißt, großer Anteilnahme der Bevölkerung. Achten Sie auf den Veranstaltungskalender, es ist *jede* Woche eine Gedenkstunde.

Aber nur einmal, nach 57 Jahren Schweigen zwischen Volkstrauertag und Totensonntag ein Film von Guido Knopp über die Vertreibungsverbrechen und *einmal* in 30 Jahren ein Film über die Bombenopfer, zuletzt am 11. Januar 1987. Eine schmale Bilanz, nicht gerade eine Initiative »gegen das Vergessen«, die doch in Deutschland täglich eingefordert wird.

21.
Wer gehört zum Tätervolk?
Gibt es zweierlei Staatsbürger?

Alle Gedenkveranstaltungen, Mahnmalbauten, Museen, Ausstellungen, wöchentlich neu eingeführte Jahrestage, Einweihungen und Jubiläen gehen stillschweigend von einer – wie auch immer begründeten – Mitschuld *aller* Deutschen aus. Mitverantwortung auch der nunmehr dritten oder vierten Generation, also auch der heute 14-jährigen Schüler und Jugendlichen, denen ihre »Mitschuld« pausenlos, in jeder Geschichtsstunde, auf jeder Schulfeier, auf jeder Klassenreise nach Weimar oder Buchenwald oder Danzig eingeschärft wird. Denn »die Deutschen«, sagt man ihnen, und abends im Fernsehen hören sie die gleiche Botschaft noch einmal in vielen Varianten, »haben dieses maßlose Unglück über das jüdische, russische, polnische Volk gebracht, das mit den ›lächerlichen Summen‹ der Wiedergutmachung niemals zu sühnen« sei. Die lächerlichen Summen[43] werden aufgebracht und werden auch, unter Protest sozusagen, genommen. Dann geht der Aufstand des Gewissens weiter.

Alle Kampagnen lassen sich im Grunde auf die alte Kollektivschuldthese von 1946 zurückführen. Auch wenn man bemüht ist, das Wort im Jahr 2002 durch neue Begriffe wie kollektive Scham, Mitschuld oder Mitverantwortung zu ersetzen. Das am liebsten gebrauchte Wort ist zurzeit das vom *Volk der Täter*, (im Gegensatz zum Volk der Opfer). Das Tätervolk sind die Deutschen. Andere Tätervölker gibt es nach dieser Lesart nicht, weder Türken, Russen oder Chinesen. Nicht einmal die Kambodschaner, die unter Pol Pot ein Drittel ihres eigenen Volkes ermordeten.

Fragen Sie einen beliebigen Ausländer, ob er das verstehen kann. Er kann es nicht. Sein Gehirn ist dazu nicht in der Lage. Es ist ja nicht deformiert. Um die Behauptung von dem *Tätervolk* fraglos anzunehmen, bedurfte es auch bei uns einer über 57-jährigen Deformierung.

Als Grund für die jeden Tag aufs Neue erhobene Forderung, die Deutschen seien ein Volk der Täter und sollten sich zu ihrer Mitverantwortung bekennen – und entsprechend handeln (!) –, wird genannt, dass *die Deutschen* am 6. November 1932 mit 33,56 Prozent aller Stimmen NSDAP gewählt und damit Hitler an die Macht gebracht hätten.

Wenn wir richtig verstehen, soll damit eine Art gesamtschuldnerische Haftung begründet und festgeschrieben werden, nicht nur der Überlebenden des Zweiten Weltkriegs, sondern auch ihrer Kinder und der in unserem Jahrtausend aufwachsenden Enkel und Urenkel, eine Forderung, die von Generation zu Generation verlängert wird und sich mit Riesenschritten in die Richtung des biblischen »bis ins siebte Glied« bewegt.

Die Deutschen – schuldig bis ins siebte Glied. Alle Deutschen. Das hört sich schon auf Anhieb falsch an, scheint aber wenigstens konsequent. Aber bei der Definition, wer *die Deutschen* sind, kommen die Befürworter des »Tätervolks« in Erklärungsnot: Wer sind *die Deutschen*? Alle Staatsangehörigen? Deutsche im Sinne des Grundgesetzes sind Volkszugehörige, also »Menschen deutschen Blutes«, eine Bestimmung der Verfassung, die heute nur noch ungern zur Kenntnis genommen wird. Oder sind alle Bundesbürger mit deutschem Pass gemeint? Sollen *die* sich als *Tätervolk* schuldig fühlen?

Ein aufgrund der neuen Staatsbürgerschaftgesetze nachgezogener und gerade in Deutschland eingebürgerter 18-jähriger Türke wird es als absurd empfinden, sich für die Erschießungen der SS-Einsatzgruppen auf dem Balkan von 1943 schuldig oder gar *regresspflichtig* zu fühlen. Allerdings fühlte er sich auch vor seiner Einbürgerung nicht schuldig an den Massenmorden der Türken an rund einer Million Armeniern, die 1914/15, hauptsächlich von Türken, meist türkischen Kurden, erschlagen, erschossen und dem Hungertod überantwortet wurden. Die Frage nach seiner Mitschuld wäre ihm fremd, wie allen seinen Landsleuten.

Einen in Deutschland eingewanderten Russen mit deutschem Pass wird man vergebens um die Übernahme einer Kollektivschuld an der Ermordung von zehn Millionen Bauern in Russland oder um die Verantwortung für die Massenmorde von Babyj Jar und Katyn bitten, wie viel weniger wird er eine Kollektivschuld der Deutschen auf sich nehmen, die ihn soeben als Staatsbürger aufgenommen haben.

Auch die übrigen Millionen in den letzten Jahren eingebürgerter Deutscher aus mehr als 50 Nationen scheiden für das mitverantwortliche Schuldgefühl aus, erst recht natürlich die in Deutschland lebenden Juden. Diese alle, zusammen einige Millionen Deutsche, müssen also ausgenommen werden. Das wird auch bereitwillig eingeräumt.

Seltsamerweise aber gilt solche Befreiung von der Mitschuld nicht für die deutschstämmigen Rücksiedler aus Polen, Russland und dem Balkan. Sie fallen auch unter die Vermutung der Kollektivschuld und werden ebenfalls aufgefordert, sich zu schämen und, nach Möglichkeit, tätige Buße zu leisten. Sie werden zum Tätervolk gerechnet.

So bleibt die Frage von Schuld und Mitverantwortung doch an der Verwandtschaft des Blutes[44] hängen, der meistgehassten Definition des Deutschseins, die von Linken leidenschaftlich abgelehnt wird. Doch *nur* über diese biologische Blutsverwandtschaft wäre ein heute 18-jähriger Deutscher (aus Siebenbürgen!) für die Kriegsverbrechen und Massentötungen während des NS-Regimes haftbar zu machen, dessen Großvater oder Urgroßvater vielleicht zu den 33,56 Prozent der Wähler gehörte, die bei der letzten freien Reichstagswahl am 6. November 1932 Hitler gewählt und so die NSDAP zur stärksten Partei gemacht hatten.

Da auch die KPD knapp 20 Prozent der Stimmen erhalten hatte und also eine »negative Mehrheit« der totalitären Parteien entstanden war, blieb dem Reichspräsidenten Hindenburg nach langen Sondierungen keine andere Wahl, als Hitler mit der Bildung einer Regierung zu beauftragen, zusammen mit den Konservativen. Bei der darauf folgenden Reichstagswahl im März schenkten 43 Prozent der Wähler Hitler das Vertrauen und ermächtigten ihn damit, – die KPD war bereits nach dem Reichstagsbrand verboten, ihre Stimmen kassiert –, mit Zustimmung des Parlaments (!) die parlamentarische Demokratie bis zum Juli 1933 Stück für Stück abzuschaffen und eine Diktatur zu errichten. Mit KZs, Gestapo und Sondergesetzen. Hier endet unbezweifelbar die Schuld jener 13 Millionen wahlberechtigter Urgroßväter und -mütter von 1932, die Hitler gewählt hatten. Nicht weil er versprochen hatte, die Juden zu ermorden, sondern die Arbeitslosigkeit zu beseitigen. Über die Hälfte seiner Neuwähler hatte vorher KPD gewählt. Die Judenfrage hatte bei diesem Wahlkampf vom November 1932 kaum eine Rolle gespielt.[45] Diesen Hitlerwählern und den übrigen Deutschen wäre höchstens der Vorwurf zu machen, dass sie nicht spätestens 1934, hellsichtig den Krieg und die späteren Deportationen und Kriegsverbrechen vorausahnend und selbst Gefängnis, Folter und Tod nicht scheuend, den Kampf gegen die Diktatur aufnahmen und versuchten, Hitler zu stürzen. Gegen Gestapo, Polizei, Justizwillkür und den Terror auf den Straßen – die SA errichtete bereits die ersten »wilden«, also halblegalen KZ-Lager.

Es bestünde die Kollektivschuld der Deutschen also darin, keine Helden des Widerstands gewesen zu sein. Wer in welchem Land der Erde wirft da den ersten Stein?

22.
Ist der Nationalmasochismus 2002
noch zeitgemäß?

Die amerikanischen Volkserzieher sind längst entbehrlich
geworden. Die Umerziehung ist inzwischen so gut »ver-
innerlicht« – es gibt hier keinen treffenderen Ausdruck als
dieses auf Freud zurückgehende Modewort der 68er –, dass
sie im Selbstlauf ihre eigenen Erzieher und Lehrer produziert, so wie die Computer eines Tages, einem weit verbreiteten Albtraum nach, selbst Computer bauen werden, um
dann den Menschen ganz überflüssig zu machen. Die Er-
neuerung erfolgt bereits aus eigener Kraft, ohne Zutun des
Erfinders. Und noch die Schüler der post68er Lehrer halten
die Lichterketten und Betroffenheitstransparente im Klas-
senschrank bereit und sind gerüstet, sofort Blumengebinde
auszulegen und Buße zu tun, auch wenn arabische Extre-
misten mit deutschem Pass jüdische Einrichtungen angreifen. Zu einem Aufstand der Anständigen rief der Bundes-
kanzler auf, als eine Düsseldorfer Synagoge mit einem
Brandsatz beworfen worden war. Wie sich später heraus-
stellte, von zwei aus arabischen Ländern stammenden Jugendlichen, die gegen die »Juden« ein Fanal setzen wollten,
aus Solidarität mit den palästinensischen Terroristen – und
auch sehr milde Strafen erhielten. Sie waren ja keine Deutschen. Jedenfalls nicht von Geburt!

Wenn, wie in Sebnitz geschehen, eine Mutter in tiefer
Verwirrung behauptet, ihr Kind sei von Rechtsextremisten
»rituell« ertränkt worden, und eine ganze Stadt des Rassismus bezichtigt, beginnt das eingespielte Zeremoniell der
Betroffenheit, unabhängig davon, ob sich die Schreckens-
meldung bestätigt hat oder noch geprüft wird. Der Amok-
lauf der Friedfertigen gegen alle vermeintlich Böses Den-
kenden beginnt, der Selbstlauf der Bußrituale.

Aber welche Gesetzmäßigkeiten sind es, die immer neue

Generationen zu »guten Deutschen« werden lassen, während ihnen oben in Berlin die parlamentarischen Vertreter bereits wegbrechen und die früheren Linksparteien nicht nur deutsche Soldaten in den Krieg schicken, sondern sogar nach einer führenden Rolle für Deutschland rufen – gemäß seiner Einwohnerzahl. Wir haben recht gehört: führen, nicht nur mitmachen.

Nationalmasochismus oder *The Germans to the Front*? Beides zusammen geht nicht. Langsam dämmert es auch in alliierten Stäben, dass man mit der Umerziehung der Deutschen des Guten etwas zu viel getan hatte. Verständnis und Gehör auch für die Leiden von deutschen Bombenopfern, Deportation und Vertreibung? Nach 57 Jahren Schweigen? Wer hätte das 1945 denken können?

Fragen nach Kriegsverbrechen der Alliierten, nach Bombenteppichen auf Wohnviertel, nach den Verbrechen der Vertreibung und bei der Vertreibung und Deportation der Deutschen aus dem Osten sollte es nach 1945 nie wieder geben. Diese Fragen werden aber von der Bevölkerung, vor allem der vom Bombenkrieg am meisten betroffenen Städte, trotz aller Charakterwäsche neuerdings wieder aufgeworfen und gelegentlich, besonders am Jahrestag der Bombardierung Dresdens, auch öffentlich debattiert.

DER KRIEG GEGEN DIE HÜTTEN

23.
Der Schock vom 11. September.
New York als Bombenziel

Am 11. September 2001 erlebte Amerika einen Schock, den es während des ganzen Zweiten Weltkrieges nie erfahren hatte – aus dem einzigen Grund, weil die amerikanische Zivilbevölkerung, obwohl sich das Land in einem Krieg befand und amerikanische Soldaten in Europa und in Asien kämpften, von allen Kriegshandlungen, feindlichen Besetzungen, Luftangriffen, Massentötungen von Frauen, Kindern und alten Leuten durch Flächenbombardements oder anderen Massakern nie betroffen worden war –, im Gegensatz zu den Bewohnern der meisten Länder Europas und Asiens.

Amerika führte einen Krieg, von dem sein eigenes Land nicht betroffen war, es sei denn, durch die Trauer in den Familien um die an den Fronten Europas und Asiens gefallenen Soldaten. Selbst der Überraschungsangriff japanischer Sturzkampfbomber auf die Pazifikflotte in Pearl Harbor, der 1942 die Nation erschütterte, musste gegen die Zerstörung des World Trade Centers verblassen. Der Angriff auf diese Flotte war ein schwarzer Tag für die amerikanische Marine gewesen, 4000 amerikanische Soldaten verloren ihr Leben, und viele Bürger trauerten um ihre Toten und zitterten um die noch lebenden, weiter im Krieg stehenden Söhne und Männer. Aber die Schlacht hatte irgendwo in Asien, sehr weit weg vom Mutterland, stattgefunden und drang in das Bewusstsein der meisten Amerikaner nur als Radiomeldung und Zeitungsbericht über eine schreckliche, aber eben doch sehr ferne Schlacht. Ein Gefühl der Bedrohung stellte sich nie wirklich ein. Ein Angriff auf das eigene Land lag außerhalb aller Vorstellungen.

Während der langen Zeit des Kalten Krieges und des atomaren Wettrüstens mit der Sowjetunion sprach man allerorten von einem drohenden Atomkrieg mit seinen verheerenden, nicht auszudenkenden Folgen, einige Unheilspropheten, besonders in Deutschland, warnten sogar vor einer Verwüstung der Erde, auch ein Atomwaffenangriff auf New York wurde diskutiert. Aber nie wurde dieser Fall von der Masse der Amerikaner ernsthaft in Erwägung gezogen, nicht einmal während der Kubakrise, und es gab auch niemand, der ernsthaft darauf vorbereitet gewesen wäre.

Entführte Flugzeuge, Atombomben und Raketen gegen Wolkenkratzer hatten die New Yorker, durch die James-Bond-Filme ebenso wie durch andere Hollywoodproduktionen, stets exklusiv und Wochen vor allen anderen Filmbesuchern der Welt zu Gesicht bekommen, oft und gern gesehen. Sie kannten sich gut aus in der Märchenwelt dieser Filme, die stets die Geschichte eines gigantischen, globalen Kampfs zwischen Gut und Böse erzählen, der, oft erst in letzter Minute, von den Guten gewonnen wird. Die Bedrohung geht immer von einem kaltblütigen und hochintelligenten Einzelgänger aus, der jedoch meist einen kleinen Dachschaden hat – größenwahnsinniger Exkommunist, untergetauchter Naziführer, Psychopath mit einem durch einen Unfall furchtbar entstellten Gesicht, genialer, aber von der Welt enttäuschter und verbitterter Wissenschaftler – alles literarische Nachkommen von Jules Vernes Kapitän Momo.

Islamischer Fundamentalist, das stand noch nicht im Drehbuch, wahrscheinlich aus Gründen der politischen Korrektheit gegenüber der muslimischen Minderheit in Europa und den USA, aber auch aus Rücksicht auf die Millionen Kinogänger in Asien und Afrika. Die Handlung dieser Märchenfilme folgte meist einem einfachen Klischee, immer will dieser schlimme Finger, der *Goldfinger*, der nicht nur unbeschränkte Geldmittel, sondern auch geheime, bombensichere Schlupfwinkel und teuflische neue Waffen besitzt, nicht weniger als die ganze westliche Welt, vor allen Dingen natürlich die USA, erpressen oder einfach, ohne ein Erpresserziel zu benennen, vernichten. Es gelingt ihm immer nur beinahe, weil ihm James Bond von der britischen Spionageabwehr in den Arm fällt. Übrigens verfügt auch der nihilistische Millionär stets über eine ganze Anzahl von gut (gehirn)gewaschenen Untergebenen, die ihr Leben jederzeit für den Meister wegschmeißen wie einen abgelutschten Kaugummi, wenn die Regie es will. Man sieht sie reihenweise unter den Geschossgarben, Flammenwerfern, Laserstrahlen von James Bond wegkippen, ohne sich ihre Gesichter näher einzuprägen.

Offenbar hatten die Hintermänner des Überfalls auf das Pentagon und das World Trade Center und der späteren Anschläge die James-Bond-Filme gründlicher und mit mehr Freude studiert als den Koran, mit dem sich im Übrigen, ähnlich wie mit der Bibel, fast alles begründen, aber eben auch ausschließen lässt. Vielleicht hatten die arabischen Terrorflieger oder ihre Hintermänner auch Hitlers Tischreden studiert. Für alle fanatischen islamistischen Israelfeinde gilt er bekanntlich, wegen der Vernichtung fast aller osteuropäischen Juden, als das leuchtende, nie erreichbare Vorbild. Nicht nur Gaddhafi und Saddam Hussein bewundern ihn als den größten Staatsmann aller Zeiten. Hitler hatte schon 1944 die Idee, von einem U-Boot aus oder mit einer V2-Rakete, der ersten funktionierenden Mittelstreckenrakete der Welt, die damals noch keine entsprechende Reichweite hatte, die Innenstadt von New York anzugreifen, und er amüsierte sich mit seiner Tafelrunde königlich bei dem Gedanken, wie New York bei einem solchen Sprengstoffanschlag auf die Wolkenkratzer in Panik geraten würde.[46] Tatsächlich war ein U-Boot mit einer solchen Mission bereits unterwegs, die Agenten wurden aber abgefangen.[47]

Hitler nahm an, dass das amerikanische Volk, verweichlicht durch zu viel Zivilisation und zu starke Rassenmischung, in seiner biologischen Substanz geschwächt (»verniggert«) und ohne alle Ideale als nur der Mehrung des eigenen Wohlstandes nach einem solchen Angriff schnell kriegsmüde sein und seinen Präsidenten zur Beendigung des Krieges zwingen würde. Stalin mag Ähnliches gehofft haben für den Fall eines eigenen nuklearen Erstschlags, der lange Zeit durchaus für möglich gehalten wurde. Entsprechende Räumungspläne für Moskau, Leningrad und andere große Städte für den Fall eines amerikanischen Gegenschlages lagen in der Sowjetunion vor. Vielleicht spielte auch Chruschtschow – oder sein Generalstab – auf dem Höhepunkt der Kubakrise noch mit diesem Gedanken, verwarf ihn schließlich zu seinem und unserem Glück. Und seit dem Zusammenbruch des Sowjetimperiums, ab 1989, wurden die Amerikaner trotz der fortbestehenden Overkill-Kapazität der russischen Raketen (ca. 3000 Langstreckenraketen mit Atomsprengköpfen, lautet die offizielle Annahme) gänzlich sorglos. Bomben auf New York, Krieg in Amerika, das lag außerhalb der Phantasie, so wie die USA einst außerhalb der Reichweite der V2 gelegen hatten.

Während der amerikanische Generalstab sich noch mit der Frage beschäftigte, ob der milliardenteure Raketenschutzschild MSI gegen mögliche Atomraketen aus den so genannten »Schurkenstaaten« eingeführt werden sollte, und ellenlange Debatten darüber noch nicht beendet waren – ja oder nein, für Europa oder nur für die USA, Einführung sofort oder erst in einigen Jahren –, rüstete eine Hand voll nur mit Teppichmessern bewaffnete Selbstmordkommandos vier amerikanische Zivilflugzeuge zu Superraketen um, deren Sprengkraft das Vielfache jeder Weltkrieg-II-Luftmine übertraf. Der Lehrsatz, nach dem dieser Großangriff erfolgreich wurde, stand nicht im Koran, wohl aber bei Mao Tse-tung, der eine alte chinesische Volksweisheit griffig neu formuliert hatte:

Wer keine Angst vor der Vierteilung hat,
kann den Kaiser vom Pferd reißen.

Die Selbstmordkommandos haben in der islamischen Geschichte ein Vorbild: die Mördersekte der Assassinen (= Haschaschinen = Haschischesser). Ihr Stifter war der Perser *Hasan ibn Sabbah*. Die Assassinen, die sich ab 1081 auf der nordpersischen Bergfestung Alamut festsetzten, griffen mit Selbstmordkommandos aus eigens dafür trainierten jungen Männern, die Fidawi (= sich Opfernde) genannt wurden, vom Hochgebirge Persiens aus durch zahllose Morde an führenden Persönlichkeiten der islamischen Welt in die Politik ein, ermordeten auch schon mal einen prominenten christlichen Kreuzfahrer in Jerusalem und waren in ihren entlegenen Bergfestungen zwei Jahrhunderte lang scheinbar unbesiegbar. Erst der Mongolensturm fegte 1256 die Mördersekte hinweg, 15.000 Anhänger des syrischen Zweiges der Assassinen ließ der Mamelucken-Sultan Baibars um 1272 nach Eroberung der letzten Assassinen-Burg hinrichten. Dann schwiegen die Vöglein im Walde und geisterten fortan, von Kreuzfahrerberichten verklärt, durch die Literatur- und Kunstgeschichte Europas. Bis zum 11. September 2001.[48]

Zwei der tödlichen, von Hand gelenkten Superraketen mit bis zu 30.000 Litern Kerosinfüllung galten militärischen Zielen, dem Pentagon und dem Präsidentenpalast. Eines der Geschosse, für das Weiße Haus bestimmt, verfehlte sein Ziel.

Nach allem, was wir wissen, weil einige der Passagiere im Angesicht des sicheren Todes auch keine Angst vor der Vierteilung mehr kannten und sich gegen die Assassinen zur Wehr setzten – vielleicht ein früher Hinweis darauf, wie man die Gefahr des Terrorismus wirksam bannen kann: durch entschlossenen Widerstand, unter Einsatz des eigenen Lebens.

Zwei der 30.000-Liter-Kerosinbomben waren gegen die Zivilbevölkerung gerichtet und hatten, wie die Bombenangriffe in den letzten drei Jahren des Zweiten Weltkrigs auf Deutschland und Japan, ausschließlich das Ziel, Angst und

Schrecken unter den Menschen zu verbreiten und diese zu demoralisieren. Es waren, damals wie heute, Terrorangriffe gegen den scheinbar schwächsten Punkt des Kriegsgegners: unbewaffnete und ungeschützte Zivilisten.

24.
Ein italienischer General erfindet die »Luftherrschaft«

Was aber die Wirkung eines unbeschränkten Bombenkrieges gegen die Zivilbevölkerung anbetraf, so hatten schon im Zweiten Weltkrieg alle Krieg führenden Parteien eine Überraschung erlebt. Sie alle waren von einer These ausgegangen, die der italienische General *Giulio Douhet* schon 1921 aufgestellt hatte. Douhet hatte im Ersten Weltkrieg die wenigen, ab 1917 tätigen und damals noch der Marine unterstellten italienischen Flugzeugstaffeln befehligt und galt schon früh als Theoretiker eines künftigen Luftkrieges. 1921 schrieb er ein Buch, »Il dominio dell'aria«, in der deutschen Übersetzung erhielt es den einprägsamen, bis heute gebräuchlichen Titel *»Luftherrschaft«*[49].

Douhet sah voraus, dass es im nächsten, von allen Mächten erwarteten Krieg durch die rasche Fortentwicklung und Massenproduktion von Flugzeugen keinen Unterschied mehr zwischen den Soldaten an der Front und den Zivilisten im Hinterland geben würde, das heißt, dass die Zivilbevölkerung, wie noch im Ersten Weltkrieg, nicht mehr durch die Soldaten an der Front geschützt, solange der Feind nicht in das Land eindränge, sondern selbst ein Ziel der Angriffe des Kriegsgegners aus der Luft sein würde.

Deshalb, lehrte er, müsse im nächsten Krieg das erste Ziel jedes Angreifers sein, die Luftherrschaft zu erringen, und zwar durch rasche Zerstörung aller feindlichen Flughäfen und, wenn möglich, auch aller Flugzeuge bereits am Boden. Nach Erreichung der Luftherrschaft könne die eigene Luftwaffe dann ungehindert die feindlichen Streitkräfte angreifen, sie vom Nachschub an Menschen, Nahrungsmitteln, Treibstoff und Munition abschneiden und die Zivilbevölkerung durch gezielte Angriffe auf die Wohnviertel erschrecken und demoralisieren. Als Folge gezielter *Terrorangriffe* gegen nicht militärische Ziele, die auch Zivilisten, einschließlich Kindern, Frauen, Alten und Kranken, treffen würden, würde das Volk sehr bald revoltieren, seiner Regierung in den Rücken fallen und sie, wie im Ersten Weltkrieg in Russland (1917) und Deutschland (1918) geschehen, zu einer schnellen Kapitulation zwingen.

25.
Niemand wollte der Erste sein.
Beginn des Bombenkriegs im
Zweiten Weltkrieg

Die Theorie Douhets von der Notwendigkeit, in den ersten Tagen die Luftherrschaft zu erringen, wurde von der deutschen Luftwaffe unter Führung ihrer Oberbefehlshabers Hermann Göring beim Angriff gegen Polen 1939 konsequent umgesetzt und auch beim Frankreichfeldzug erfolgreich angewandt.

Tatsächlich wurde die gesamte polnische Luftwaffe, bis auf ein paar vereinzelte Flugzeuge, denen es noch gelang zu starten, sowie ein Großteil der französischen Luftflotte bereits in den ersten zwei Tagen am Boden zerstört, die Flugplätze und Rollfelder unbrauchbar gemacht und die uneingeschränkte Luftherrschaft hergestellt. Die deutschen Bomber griffen auch in den Erdkampf ein. Die erstmals eingesetzten deutschen Sturzkampfflugzeuge, die Stukas, die mit donnernden Motoren und heulenden Sirenen aus mehreren tausend Metern Höhe auf die Stellungen der Soldaten und die Städte herabstießen und erst in letzter Minute ihre Bombenlast ausklinkten, wurden zum Schrecken der polnischen und später der französischen Soldaten und Zivilisten, was nicht wenig zu der überraschend schnellen Kapitulation beider Länder beitrug.

Warschau war schon am ersten Tag des Krieges, am 1. September, von deutschen Bombern angegriffen worden. Noch hielt man sich mit Terrorangriffen gegen Wohnviertel zurück. Der Militärattaché der französischen Botschaft berichtete nach Paris, dass nur militärische Ziele getroffen wurden, dass dabei aber auch Zivilisten ums Leben gekommen seien. Noch am gleichen Tag richtete Franklin D. Roosevelt, der Präsident der damals noch neutralen USA, eine Botschaft an alle Kriegsparteien, sie sollten unverzüglich erklären, dass sie keine Luftangriffe auf offene Städte und Zivilisten führen würden.

Hitler, der sich mit keinem Kabinett oder Parlament absprechen musste, stimmte noch am gleichen Tag zu und zitierte seine Reichstagsrede vom 1. September, in der er erklärt hatte, er führe den Kampf nicht gegen Frauen und Kinder und hätte der »Luftwaffe den Auftrag gegeben, sich bei den Angriffen auf militärische Ziele zu beschränken«. Tags darauf erklärten auch die Regierungen Englands und Frankreichs, sie würden den Krieg so führen, dass die Zivilbevölkerung ebenso wie die Kulturdenkmäler verschont blieben.

Beide Parteien waren also bemüht, dem Kriegsgegner den schwarzen Peter eines Bombenkriegs gegen die unbewaffnete Zivilbevölkerung zuzuspielen, obwohl nicht nur England, sondern auch Deutschland Pläne in der Schublade hatten, um den zweiten Teil der Douhet-Theorie über die Luftherrschaft in die Tat umzusetzen. So hatte der frühere Chef des britischen Luftstabes, Sir Hugh Trenchard, schon 1938 verkündet, dass die *moralische* Wirkung von Luftangriffen zwanzigmal stärker sein würde als die militärische. Dennoch erklärte der englische Premierminister Lord Chamberlain am 14. September im Unterhaus, seine Regierung werde »niemals absichtlich Frauen und Kinder … zum Zweck des bloßen Terrorismus angreifen«. Es war das Wort *absichtlich* und auch die Einschränkung mit dem »bloßen« Terrorismus, die alle künftigen Interpretationen zuließ. Eine *Absichts*-Erklärung, wie sie in den Oktobertagen 2001 von den englischen und amerikanischen Militärs fast wörtlich abgegeben wurde. Bei der Bombardierung von Afghanistan.

Bald kam es zu einer ersten Eskalation. Am 16. September verlangte Hitler von den polnischen Befehlshabern, Warschau kampflos zu übergeben, und forderte die Einwohner der von deutschen Truppen eingeschlossen Hauptstadt auf, die Stadt zu verlassen. Die polnische Führung lehnte eine

Übergabe ab, obwohl die militärische Lage aussichtslos war, vielleicht mit der Hoffnung, die Kapitulation wenigstens einige Tage zu verzögern, und die deutsche Artillerie und die neuen Sturzkampfbomber (Stukas) legten einige Stadtteile von Warschau in Schutt und Asche. Die Kapitulation erfolgte denn auch bereits am 18. September. Der Feldzug der 18 Tage war beendet. Nicht aber der Krieg.

Wenn man will, war von deutscher Seite die Douhet-Taktik »Terrorangriffe auf die Zivilbevölkerung« nach der Eroberung der Luftherrschaft in Warschau zum ersten Mal erfolgreich angewandt worden. Doch die Einwohner von Warschau waren vielleicht erschreckt und verängstigt, aber nicht demoralisiert, auf jeden Fall erzwangen nicht sie die Kapitulation, sondern die Generale. Auch die deutsche Artillerie allein hätte die polnische Hauptstadt kapitulationsreif schießen können. Die »Stukas« mit ihrem beim Sturzflug laut aufheulenden Sirenenton waren auch eine psychologische Waffe, die Angst und Schrecken bei den Angegriffenen erzeugen sollten. Sie beschleunigten die Kapitulation. Die Bombardierung Warschaus wird in der Geschichtsschreibung nicht als Beginn des Terrors aus der Luft gewertet. Den Beginn des Luftterrors datierten beide Seiten, die deutsche und die englische, auf verschiedene Tage.

Zunächst gab es einen kuriosen Zwischenfall. Ein deutscher Fliegerleutnant, dessen Staffel bei schlechtem Wetter die Orientierung verloren hatte, bombardierte am 10. Mai 1940 mit seinen drei Maschinen bei einem der Einsätze gegen Frankreich versehentlich Freiburg im Breisgau. 70 Bomben fielen und töteten 57 Menschen, darunter 22 Kinder auf einem Spielplatz. Goebbels zögerte nicht, den Angriff den Franzosen oder den Engländern anzulasten und daraus propagandistisch »eine große Sache« zu machen und sie zum Anlass zu nehmen, »Vergeltungsangriffe« gegen englische Städte zu fliegen.

Doch Göring winkte ab. Er war noch mit der Eroberung des französischen Luftraums beschäftigt und nicht bereit für Luftangriffe auf England. So startete Goebbels nur eine weltweite Propagandakampagne unter dem Titel »Kindermord in Freiburg«. Plakate in vielen Sprachen wurden gedruckt, die internationale Presse aber nicht am Schauplatz zugelassen. Die Alliierten nahmen an, dass Hitler selbst die Bomben auf die Zivilbevölkerung habe werfen lassen[50], um ein Alibi für »Vergeltungsangriffe« zu haben. Churchill drohte vorsorglich mit Gegenaktionen und ließ zur Warnung einen Bombenangriff auf Mönchengladbach fliegen, bei dem einige Häuser im Stadtzentrum zerstört und drei Menschen getötet wurden.

Nach der Kapitulation Frankreichs begann dann die berüchtigte Luftschlacht um England, bei der es Görings Flugzeugen nicht gelang, die Luftherrschaft über den britischen Inseln zu erringen. Beide Seiten mussten sehr schwere Verluste hinnehmen und an eine Invasion Englands war unter diesen Umständen nicht mehr zu denken. So bat Göring seinen obersten Feldherrn um die Erlaubnis, zwei englische Industriestädte, Liverpool und Manchester, in Nachtangriffen zu bombardieren.

Doch Hitler lehnte ab.[51] Er hatte andere Pläne. Bereits am 31. Juli hatte er auf dem Obersalzberg seinem Generalstabschef und dem Oberbefehlshaber des Heeres mitgeteilt, dass er gegen die Sowjetunion, mit der Deutschland durch einen Nichtangriffspakt verbündet war, losschlagen würde. Dabei rechnete er, wegen der traditionellen, auch strategisch bedingten Feindschaft der Engländer zu den Sowjets, mit einem Stillhalten der Engländer, die er als die »germanischen Rassebrüder« der Deutschen ansah und als die natürlichen Verbündeten beim Kampf gegen die kommunistische Weltmacht gewinnen wollte.

Möglicherweise war das der Grund gewesen, die Engländer bei ihrem überstürzten Rückzug nach Dünkirchen vor einem Desaster zu bewahren, als Hitler am 24. Mai 1940 durch einen für viele Wissenschaftler auch heute noch unerklärlichen Telefonanruf den weiteren Vormarsch der deut-

schen Panzer stoppte und damit der britischen Expeditions-
armee eine Atempause verschaffte, die sie vor der völligen
Vernichtung rettete. Manche Historiker meinen, dass er zu
diesem Zeitpunkt bereits den Beschluss gefasst hatte, die
Sowjetunion anzugreifen.

Möglicherweise hoffte er auf ein Stillhalten Englands.
Dazu war Churchill nicht bereit. Er zog es vor, sich mit den
jahrelang bekämpften Russen zu verbünden und so »die
falsche Sau abzustechen«, um seine eigenen späteren Worte
im Frühjahr 1945 zu zitieren. Auch in den ersten Tagen des
Überraschungsangriffs auf die Sowjetunion, von dem einige
Historiker annehmen, dass er einem auch von Stalin ge-
planten Angriff um einige Monate zuvorkam[52], wurde die
Douhet-Lehre von der Luftherrschaft zunächst erfolgreich
angewandt.

36 Militärflughäfen wurden unbrauchbar gemacht oder
ganz zerstört, mit ihnen ein großer Teil der dort stationier-
ten Kampfflugzeuge. Nur wenigen gelang es, aufzusteigen
und in entfernte Flughäfen des riesigen Landes zu fliehen.
Genau das aber war der Unterschied zu den Feldzügen
gegen Polen, Frankreich und den Operationen gegen Nor-
wegen, Dänemark und auf dem Balkan: Die Sowjetunion
war zu groß für einen Blitzkrieg, der überdies, wegen der
unerwarteten und gar nicht in den Zeitplan passenden Operationen im Südosten (Jugoslawien, Griechenland), um fünf
Wochen verspätet begonnen hatte.

Dennoch besaßen die Deutschen, weil sie wieder das
Moment der Überraschung auf ihrer Seite hatten, während
der ersten Wochen des Krieges die Luftherrschaft über die
westlichen Teile der Sowjetunion, allerdings nicht einmal
über den ganzen europäischen Teil des Landes. Der noch
nicht am Boden zerstörte Rest der sowjetischen Flugzeuge
wurde in weiter östlich liegende Flugbasen zurückgezogen,
die für die deutschen Flugzeuge wegen der großen Entfer-
nungen nicht erreichbar waren. Es gab also keine vollstän-
dige Eroberung des sowjetischen Luftraums.

An einen Blitzkrieg war ohnehin nicht mehr zu denken. Der wie gewohnt schnelle Vorstoß der sieggewohnten deutschen Wehrmacht, die zunächst mit sensationellen, alle Militärhistoriker überraschenden Kesselschlachten und vollständig aufgeriebenen sowjetischen Armeen, kaum nachvollziehbaren Zahlen über erbeutetes Kriegsmaterial, gefallene oder in Gefangenschaft gehende sowjetische Soldaten einen in der Kriegsgeschichte einmaligen Siegeszug verbuchte, kam im beginnenden Winter in der Tiefe des russischen Raumes zum Stehen, und die Wehrmacht hatte zum ersten Mal in diesem Krieg selbst schwere Menschenverluste erlitten.

Das Kriegsglück kehrte Deutschland den Rücken. Langsam, aber auch von den Siegesfanfaren der deutschen Rundfunksender, Funk- und Wochenschauberichten nicht mehr zu übertönen, bahnte sich die Wende an.

26.
Die Schlacht um England.
Deutschland verliert die Luftherrschaft

Die Wende begann gerade im Luftkrieg, einem Feld, auf dem die Deutschen hoch gerüstet und allen Kriegsgegnern überlegen gestartet waren – sie hatten zu Kriegsbeginn die höchste Anzahl technisch hochwertiger zweimotoriger Bombenflugzeuge und schneller Jagdflugzeuge und die größte Anzahl flugerfahrener Piloten, die man schon als Jugendliche durch die Flieger-HJ an Segel-und Motorflugzeugen ausgebildet hatte.

Doch die Luftschlacht um England verschliss die besten deutschen Kräfte. Nicht die Russen, die für einen Gegenschlag aus der Tiefe des europäischen und sibirischen Raums fast ein Jahr brauchten und deren Luftwaffe noch für lange Zeit geschwächt blieb, leiteten die Wende ein, sondern die Engländer hatten zum ersten Mal in diesem Krieg die Initiative an sich gerissen. Aus ziemlich aussichtsloser Position, nachdem Göring die großspurig angekündigte und mehrmals verschobene »Luftschlacht um England«, den »Tag der Adler«, am 14. August 1940 praktisch schon nach ein paar Tagen verloren hatte, jedenfalls wenn man als Ziel das Erringen der Luftherrschaft ansehen wollte.

27.
Bombenangriffe auf Wohnviertel
als Strategie

Das Jahr zwischen der verlorenen Schlacht um die Luftherrschaft über England und dem Beginn des deutschen Angriffs auf Sowjetrussland war eine Zeit gegenseitiger, immer stärker die Zivilbevölkerung in Mitleidenschaft ziehender Bombenangriffe, von beiden Seiten »Terrorangriffe« und »Vergeltungsschläge« genannt. Zumindest für die Engländer schien der Angriff auf die Wohnviertel und die Demoralisierung der Deutschen für lange Zeit die einzige Hoffnung zu sein. Schon am 8. Juli 1940 sagte Churchill: »… aber es gibt etwas, was den Gegner zurückzutreiben und niederzuwerfen vermag: Das ist ein alles vernichtender und alles ausrottender Luftkrieg mit ganz schweren Bombern von England aus gegen das Nazi-Heimatland. Wir müssen den Feind mit diesem Mittel niederschlagen. Ein anderes Mittel sehe ich nicht.«

Der Krieg gegen die Hütten hatte begonnen.

Die ersten Nachtangriffe auf das Ruhrgebiet und Berlin wurden von Hitler öffentlich als feige geschmäht und mit Drohungen beantwortet: »Während die deutschen Flugzeuge Tag für Tag über englischem Boden sind, kommt ein Engländer bei Tageslicht überhaupt kaum über die Nordseeküste herüber. Darum kommen sie in der Nacht und werfen ihre Bomben wahllos und planlos auf zivile Wohnviertel … Ich habe drei Monate das nicht beantworten lassen in der Meinung, sie würden diesen Unfug einstellen. Sie werden es verstehen, dass wir jetzt Nacht für Nacht die Antwort geben … Wenn sie erklären, sie werden unsere Städte in großem Maß angreifen – wir werden ihre Städte ausradieren!« (Hitler am 4. September 1940 im Berliner Sportpalast)

Zwischen dem 7. September und dem 3. November wurde London in 57 Nächten angegriffen. Dabei wurden 10.000

Tonnen Bomben abgeworfen. Die Briten griffen fast täglich Berlin bei Nacht an und am 9. September auch Hamburg.

Häufig wurde das Ruhrgebiet bombardiert. Der Luftkrieg weitete sich aus. Am 9. November drohte Hitler im Münchener Löwenbräukeller: »Ich nehme jetzt diesen Kampf auf ... Sie wollen Deutschland durch den Luftkrieg vernichten. Ich werde ihnen jetzt zeigen, wer vernichtet wird.«

Demonstrativ wurde eine britische Industriestadt, Coventry, mit 200.000 Einwohnern, Flugzeugfabriken und Rüstungsbetrieben, am 15. November 1940 mit etwa 800 Bombern angegriffen und schwer getroffen. Trotz rechtzeitigem Fliegeralarm gab es 568 Tote, in der nächsten Nacht starben fast 700 Menschen unter dem deutschen Bombenhagel in Birmingham.

Weitere Großangriffe gab es nicht mehr, der größte Teil der deutschen Flugzeuge wurde bereits in den Osten verlegt.

Wer die Luftangriffe auf Wohnviertel, den Krieg gegen die Hütten, eigentlich begonnen hatte, das konnte nicht einmal vor dem Nürnberger Kriegsverbrechertribunal eindeutig entschieden werden. Dokumente, die der Verteidiger von Hermann Göring, Dr. Otto Stahmer, am 22. März 1946 vorlegen wollte, sollten beweisen, dass die britische Luftwaffe zuerst systematisch Wohnviertel angegriffen habe. Stahmer: »Es ist für die Frage der Schuld wesentlich, ob die deutsche Luftwaffe erst dann zum Angriff auf offene Städte übergegangen ist, nachdem die englische Luftwaffe eine große Anzahl Angriffe gegen die Zivilbevölkerung unternommen hatte«.[53] Der Gerichtsvorsitzende, Lord-Richter Geoffrey Lawrence, lehnte es ab, die Dokumente »zur Kenntnis des Gerichtes« zu nehmen. Es war keine Überraschung, dass Belastendes gegen die englischen Streitkräfte in Nürnberg nicht vorgetragen werden durfte. Es war kein Gericht gegen Kriegsverbrechen im Zweiten Weltkrieg, sondern ein Tribunal gegen *deutsche* Kriegsverbrechen.

Interessant ist dabei, dass beide Seiten damals diesen Teil

der Luftkriegsführung wenn irgend möglich zu verschweigen suchten – kaum anders als 1995 beim Golfkrieg, beim Kosovokrieg 1999 und bei den Bombenangriffen der Alliierten auf Afghanistan 2001. Während man über die schnelle Eroberung der Luftherrschaft auch damals ausführlich und nicht ohne Stolz berichtete, wurden die Angriffe auf die Zivilbevölkerung abgestritten und höchstens als unvermeidliche Nebenwirkungen beim Angriff auf Militärziele – wen erinnert das nicht an das plötzliche Auftauchen des Propagandabegriffs *Kollateralschäden?* – verharmlost.

Sowohl die Deutschen als auch die Engländer hatten Pläne für umfangreiche Terrorangriffe gegen Wohngebiete bereits lange vor dem Krieg ausgearbeitet. Es kam bis zuletzt für jede Partei darauf an, in ihrer Propaganda dem Kriegsgegner den schwarzen Peter des Erstschlags zuzuweisen, den anderen als Völkerrechtsverletzer zu brandmarken und sich selbst als Verteidiger des Völkerrechts darzustellen, der lediglich gezwungen ist, zum Schutze der eigenen Bevölkerung »zurückzuschlagen«, »Vergeltungsangriffe« zu führen. Beide Seiten sprachen während des ganzen Krieges in ihren Verlautbarungen ganz offiziell von Terrorangriffen und »Vergeltungsangriffen« – auch diese Sprachregelung fanden wir wörtlich im Winter 2001 wieder.

Deshalb wurde der Luftkrieg gegen die Zivilbevölkerung bereits vom ersten Tag an von einem Propagandafeldzug flankiert. Alle Krieg führenden Parteien versicherten weiterhin feierlich, es würden nur militärische Ziele angegriffen. Und alle hatten am Ende Krieg gegen die Zivilbevölkerung geführt.

28.
Die Moral der Deutschen zerbomben.
Der uneingeschränkte Bombenkrieg des
Luftmarschalls Harris

Seit Juni 1942 traf der Terror aus der Luft fast nur noch die deutsche Zivilbevölkerung. Noch gab es keine absolute Luftherrschaft der Alliierten über Deutschland, aber die deutsche Abwehr war durchlöchert und fast nur noch auf die Flak beschränkt, während die deutschen Abfangjäger große Verluste erlitten und deutsche Bombenangriffe kaum noch stattfanden. Die immer noch sehr starke deutsche Luftwaffe war zersplittert in Militäreinsätzen von Nordrussland bis nach Afrika und konnte Verluste an Maschinen und ausgebildeten Piloten nicht im gleichen Maße wieder ausgleichen, wogegen die von Churchill vorangetriebene Aufrüstung des Landes immer neue Luftgeschwader gegen die deutschen Städte in Bewegung setzte, vor allen Dingen die neuen viermotorigen Langstreckenbomber *Halifax* und die noch besser gepanzerten und zur Abwehr von Jägern noch besser gerüsteten *Lancaster*-Bomber.

Die Engländer kurbelten ihre Flugzeugproduktion mithilfe der USA immer stärker an. Seit März 1941 bauten die USA für sieben Millarden Dollar Flugzeuge, vor allem schwere Bomber, die an England »ausgeliehen« wurden, da Amerika sich noch nicht im Krieg befand. Hatten die USA bis dahin England durch die Lieferung von Flugzeugen unterstützt, so betraten sie bald selbst den Kriegsschauplatz. Am 12. August 1941 bekräftigten Churchill und Roosevelt ihr Bündnis an Bord eines Schlachtschiffs vor der kanadischen Küste und vereinbarten die Atlantik-Charta. Nach dem Angriff auf Pearl Harbor am 7. Dezember und der deutschen Kriegserklärung an die USA am 17. des gleichen Monats wurden dann die ersten amerikanischen Bomberkommandos auf den britischen Inseln stationiert, traten die

USA selbst mit großen Bombergeschwadern und schier unerschöpflichen Reserven an Menschen und Material in den Luftkrieg ein.

Zwar weigerten sich die Amerikaner während des ganzen Krieges strikt, Angriffe bei Nacht und gegen nichtmilitärische Ziele zu fliegen. Umso mehr konnten sich die Engländer nun ganz auf die Zivilbevölkerung konzentrieren. Die systematische Zerstörung der Wohngebiete als wichtigste militärische Taktik wurde in England ganz offen diskutiert und schließlich auch offiziell beschlossen. Churchills Berater Lord Cherwell rechnete am 30. März 1942 seinem obersten Kriegsherrn vor, dass, wenn alle vorhandenen englischen Maschinen ihre Bomben ausschließlich auf Wohnviertel werfen würden, bis Mitte 1943 ein Drittel aller Deutschen obdachlos wäre.

Churchill, der bereits 1922 als »Staatssekretär für die Kolonien« einen Aufstand der Araber gegen die britische Mandatsherrschaft im Irak auch mithilfe von Luftangriffen niedergeschlagen hatte, erklärte Mitte Mai im Unterhaus, es gäbe keinen Hinweis darauf, dass es strategisch zweckmäßiger sei, Rüstungsfabriken statt Wohnviertel zu zerstören.

Einer von Churchills Mitstreitern im Krieg gegen die Araber von 1922 war der junge Fliegeroffizier Arthur T. Harris, der sich bereits im Krieg gegen den Irak durch erfolgreiche Bekämpfung der aufständischen Beduinenstämme durch Flächenbombardements mit kleinen Splitterbomben aus der Luft verdient gemacht hatte. Den inzwischen zum Marschall der britischen Luftwaffe aufgestiegenen Harris machte Churchill am 22. Februar 1942 zum Chef des neu gegründeten Strategic Bomber Command (strategisches Bomberkommando).

Schon der Titel »strategisches« Kommando deutet auf den Kampf gegen die Zivilbevölkerung als ein Teil der militärischen Strategie hin. Harris versprach seinem Chef bereits nach einigen Monaten des Aufbaus des neuen Kommandos »einen schnellen und vollständigen Sieg«, wenn die ganze Kampfkraft seiner Bomber konzentriert gegen deutsche Städte eingesetzt würde und nicht einzelne Fabriken oder militärische Ziele angegriffen werden sollten.[54] Harris schlug vor, jede Nacht eine deutsche Stadt mit mindestens 1000 Maschinen anzugreifen.

Der Krieg gegen die Hütten, der uneingeschränkte Luftterror gegen die Zivilbevölkerung konnte beginnen. Er dauerte drei Jahre und sollte für die Menschen in den deutschen Großstädten zu einer womöglich schlimmeren Belastungsprobe werden als selbst die härtesten Kämpfe für die Soldaten an der Ostfront.

Für die Soldaten war eine Stationierung im Westen – Italien oder Skandinavien galt in der Wehrmacht ohnehin als beneidetes Privileg – fast als Druckposten, eine Versetzung an die Ostfront als Strafmaßnahme. Aber selbst die Soldaten an der Ostfront wurden nach verlustreichen Vormärschen, wochenlangen schweren Schlachten, zermürbenden Rückzügen auch nach einiger Zeit wieder abgelöst, wenn möglich in Ruhestellungen verlegt, und sie konnten sich gegen den Angreifer wehren.

Das war nicht zu vergleichen mit den Jahren der Belastung, die Frauen, Kinder und die in den Städten verbliebenen Arbeiter durch den Bombenterror erlitten – und durchhielten –, die meisten ohne Krankheiten, Neurosen, Depressionen und andere psychische Spätfolgen. Die Leiden waren für heutige Verhältnisse unvorstellbar.

Am meisten litten die Frauen, Alten und Kranken. Viele Kinder hatte man in großen Massentransporten, der so genannten Kinderlandverschickung (KLV), auf das flache Land oder in zunächst von den angloamerikanischen Flugzeugen nicht erreichbare Ostprovinzen wie Ostpreußen, Schlesien und das Sudetenland verschickt. Die Organisation dieser massenhaften Verschickung, Unterbringung und Betreuung von mehreren hunderttausend Kindern war eine der erstaunlichsten Leistungen der NS-Bürokratie. Todesopfer unter Kindern im »lagerfähigen« Alter (ab zehn Jahren) durch den Bombenkrieg gab es nach der Evakuierung verhältnismäßig wenige, aber die in den Städten verbleibenden Frauen und ihre kleinen Kinder litten seelisch und körperlich unsäglich. Allein durch die in einigen Städten täglichen *und* nächtlichen schlafzerstörenden Fliegeralarme, die mörderischen Explosionen der Bomben und des Abwehrfeuers, der Flächenbrände, des niederschmetternden Ausmaßes der Zerstörungen und des fast täglichen Anblicks von Toten und Schwerverletzten.

29.
Köln.
Der Angriff der 1000 Bomber

Alle Voraussagen Giulio Douhets über das Ausmaß des Lufterrors gegen die Zivilbevölkerung nach Erringung einer dauerhaften und vollständigen Luftherrschaft – mit der dadurch möglichen Zerstörung der Nachschublinien und Transportwege, der Produktions- und Versorgungsanlagen – waren erst gegen Ende des Jahres 1944 in Deutschland voll eingetroffen. Douhet hatte schon vor dem Krieg ausgerechnet, dass eine Staffel von zehn Flugzeugen mit einer Nutzlast von je zwei Tonnen Sprengstoff in dicht besiedelten Großstädten wie Berlin, Paris und London Wohnflächen von etwa 1000 Metern Durchmesser geradezu »umpflügen« könnte, und fragt dann, was geschehen würde, wenn nicht zehn, sondern *tausend* Bomber eine Großstadt angriffen: »Was könnte gegen eine derartige Angriffsmacht eine Armee ausrichten, deren Verbindungslinien unterbrochen sind, deren Depots brennen und deren Produktions- und Versorgungsgebiete verwüstet sind? Wie könnte unter der dauernden Bedrohung einer baldigen und restlosen Vernichtung der Zivilbevölkerung eines Landes die staatliche und wirtschaftliche Ordnung aufrechterhalten und den ungebeugten Willen zum Durchhalten besitzen?«

Tausend Bomber! Das war im Jahre 1921 eine unvorstellbar hohe Zahl, die der Autor absichtlich gewählt hatte, um seine Leser durch eine damals *unvorstellbare* Menge zu frappieren, ähnlich wie Orwell mit seinem »1984« einen *unvorstellbar* fernen Zeitpunkt markieren wollte. Doch der britische *Air Chief Marshal* und fanatische Deutschenhasser Harris setzte das Unvorstellbare in die Wirklichkeit um.

Am 30. Mai 1942 griffen, zum ersten Mal in diesem Krieg, 1000 englische Bomber eine einzige deutsche Stadt an. Köln. Vorher hatte Harris die Innenstadt von Lübeck zerstören lassen. Hier waren keine Rüstungsproduktionen oder andere kriegswichtige Ziele. Wohl aber hatte Lübeck eine intakte, teilweise noch aus dem späten Mittelalter stammende Altstadt mit dicht stehenden, leicht brennbaren Fachwerkhäusern, die, wie Harris sich ausdrückte, einen gewaltigen Scheiterhaufen ergeben würden.[55]

Doch ein Luftangriff von 1000 Bombern auf eine einzige Stadt blieb das Ziel des Luftmarschalls, vielleicht auch im Gedenken an die Worte von Douhet. Die Wahl war auf Köln gefallen, weil in dieser Nacht, zwei Tage nach Vollmond, ein wolkenloser Himmel die Stadt am Rhein mit ihrem alles überragenden Dom auch für noch ungeübte, erst kurz ausgebildete Piloten deutlich als Ziel kenntlich machte. Und Marschall Harris musste alle Piloten einsetzen, die er finden konnte. Durch den Einsatz dieser Armada mit der magischen Zahl 1000, darunter 48 viermotorige Lancaster, wollte er den Beweis erbringen, dass seine Luftstreitmacht allein den Sieg über Deutschland erringen könnte.

Ihm und seinem *Strategic Bomber Command* standen zu diesem Zeitpunkt nur 400 Flugzeuge zur Verfügung. Die Anzahl der Bomber reduzierte sich im Frühjahr 1942 bei jedem Großangriff durch Flak und Nachtjäger um rund fünf bis zehn Prozent der Maschinen. Das galt als normal, und die von Churchill mit Vorrang angekurbelte Flugzeugindustrie konnte zwar ständig neue Bomber zur Verfügung stellen, aber neue Piloten als Ersatz für ihre abgeschossenen Kameraden konnten in so kurzer Zeit nicht herangebildet werden.

Harris verwandte also viel Zeit und Überredungskunst darauf, die restlichen 600 Maschinen von anderen Formationen der britischen Armee, einschließlich Übungsmaschinen, reparaturbedürftigen oder veralteten Modellen, bemannt mit Fluglehrern, Flugschülern oder nur kurz ausgebildeten Piloten, kurzfristig für den Angriff auf Köln auszuleihen.

30.
Die Bomben verfehlen ihr Ziel:
Der Zorn richtet sich gegen die Angreifer

Doch auch der Angriff der 1000 Bomber auf Köln verfehlte seine beabsichtigte Wirkung.

1500 Tonnen Sprengbomben wurden bei klarem Mondlicht auf die Stadt abgeworfen, vor allem auf die dicht besiedelte Innenstadt. Köln hatte seit Kriegsbeginn bereits 268-mal Fliegeralarm gehabt, Stadtverwaltung und Bevölkerung hatten dabei Erfahrungen sammeln können und ihre Luftschutzeinrichtungen verbessert. Ein Teil der Kölner Kinder (ca. 3000 Schulkinder) war bereits evakuiert, eine großzügige unterirdische Bunkeranlage unterhalb des Kölner Ringes, wie ein U-Bahn-Tunnel angelegt, verhinderte größere Verluste. Alle Luftangriffe auf Köln hatten bisher 323 Tote gekostet, aber auch bei diesem furchtbarsten aller Angriffe starben »nur« 460 Menschen. Der Preis: 40 von der Flak und Nachtjägern abgeschossene Bomber, Harris hatte großzügig einen Verlust von 50 Maschinen einkalkuliert.

In dieser Nacht der 1000 Bomber wurden 45.000 Kölner obdachlos, es dauerte eine Woche, bis wenigstens die Straßen der Innenstadt von Trümmern frei geräumt waren und die Straßenbahnen wieder fahren konnten. Der Schock der Überlebenden war fast ebenso groß wie ihr Wille, von ihrer Habe und ihren Häusern zu retten, was noch zu retten war, die Toten zu bestatten und die obdachlos Gewordenen irgendwo unterzubringen und so schnell wie möglich die Arbeit wieder aufzunehmen. Das Entsetzen und die Wut der Kölner richtete sich nicht gegen ihre Regierung oder die NSDAP, sondern ausschließlich gegen die Bombenflieger und ihre Auftraggeber. Lynchjustiz gegen abgeschossene Feindflieger konnte nur mit Mühe verhindert werden, entsprechende Drohungen und Verwünschungen gegen englische Piloten, die auf dem flachen Land gefangen genommen wurden, traten auf und wurden von Goebbels auch als gerechter Zorn des Volkes bezeichnet, während man gleichzeitig die Ritterlichkeit der Deutschen bei der Behandlung feindlicher Gefangener betonte. Eine Ritterlichkeit, die beide Kontrahenten des Luftkriegs pflegten und die noch aus den Luftschlachten des Ersten Weltkriegs stammte. An der Ostfront hatte es sie auf beiden Seiten nie gegeben.

In einem Punkt hatten sich der Theoretiker des Luftkriegs, Douhet, und seine Anhänger im britischen Bomberkommando jedenfalls gründlich geirrt. Die Demoralisierung der Zivilbevölkerung, die Aushöhlung ihres Widerstandswillens und gar ein massenhafter Druck auf die eigene Regierung, den Krieg unter allen Umständen zu beenden, notfalls sogar durch eine Kapitulation, bewirkten die Bombenangriffe nicht.

Das lag nicht einmal daran, dass die Deutschen seit 1933 in einer Diktatur lebten und gar keine Möglichkeit besaßen, irgendeinen Druck auf die Regierung auszuüben. Trotz der bis zum kleinsten Blockwart gehenden Kontrolle der deutschen Bevölkerung durch Partei, Staat und Geheimpolizei. Der Sicherheitsdienst der SS, der SD, machte täglich nach Art der heutigen Demoskopie Untersuchungen über die Stimmung der Bevölkerung, die den Machthabern nicht lange verborgen bleiben konnte. Dennoch gab es keine Revolte, die durch den Bombenkrieg und seine Folgen ausgelöst wurde. Die Menschen, auch die, die keine Anhänger Adolf Hitlers waren – und besonders in Köln gab es viele Gegner des NS-Regimes –, schlossen sich trotz ihrer Verzweiflung umso fester zusammen. Goebbels, der im Gegensatz zu vielen NS-Größen die Berührung mit den Massen suchte und das geradezu genoss, konnte ohne große Sicherheitsmaßnahmen die bombardierten Stadtviertel besuchen und mit Bombenopfern sprechen.

Getroffen wurden in Köln fast ausschließlich Wohnviertel der kleinen Leute, während das Nobelviertel Köln-Marienburg mit seinen großzügigen Gärten und meist gegen

Ende des 19. Jahrhunderts gebauten wilhelminischen und Jugendstilvillen den Krieg nahezu unversehrt überstand. Das war vielleicht eine Frage der Ökonomie: Eine Zweizentnerbombe auf eine einzeln stehende Villa trug wenig zu Churchills Ziel der »Enthausung« der deutschen Bevölkerung bei, in der dicht besiedelten Innenstadt war die Wirkung verheerend genug. In den Villenvierteln wurden später die Besatzungsoffiziere untergebracht.

Eine Aufweichung der Moral, gar eine Demoralisierung der Kölner, war ebenso wenig festzustellen wie zuvor bei den Angriffen auf Lübeck, und bald stand nicht nur die Glaubwürdigkeit des Luftkriegstheoretikers Douhet auf dem Spiel, sondern auch der Erfolg oder Misserfolg von Luftmarschall Harris. Zumal die in den Krieg eintretenden Amerikaner mit seiner Taktik, die Wohngebiete anzugreifen, überhaupt nicht einverstanden waren. Sie bestanden auf Angriffen gegen Rüstungsfabriken und Verkehrsknotenpunkte, die nur durch Tagesangriffe genau zu treffen seien. Doch die schwer gepanzerten und mit schweren Maschinengewehren gegen deutsche Jagdflieger geschützten Bomber der Amerikaner, die viermotorigen „fliegenden Festungen" (*Flying Fortress*[56]) und die *Liberator*-Maschinen erlitten schwere Verluste.

Auch, weil die Deutschen inzwischen das Radar erfunden hatten. Dieses neue Gerät ermöglichte ihnen nicht nur, den Anflug der Geschwader über der Kanalküste zu orten, sondern auch mit dem so genannten »Würzburg«-Gerät die angreifenden Maschinen für die Nachtjäger sichtbar zu machen und sogar im Dunkeln zu treffen. Auch die deutsche Flak wurde bald mit diesem Radarsystem ausgerüstet. Dennoch weigerten sich die Amerikaner, die ungezielten Nachtangriffe auf Wohnviertel mitzumachen, weil, wie der US-Fliegergeneral Henssel später schrieb, für Amerika die Vorstellung unerträglich gewesen sei, einer Strategie des Luftkriegs zuzustimmen, die »*Massenmorde* an Männern, Frauen und Kindern« einschloss.[57]

31.
Die Aktion Gomorrha.
Phosphorbomben gegen Hamburg

Der Streit zwischen den Engländern und Amerikanern über
die wirkunsgvollste Art des Bombenkrieges hielt eine Zeit
lang an. Erst auf dem Treffen Churchill und Roosevelt von
Casablanca im Januar 1943 kam es zu einer offiziellen Einigung der beiden Alliierten über den Luftkrieg, der praktisch
auf eine Aufgabenteilung hinauslief, die ohnehin schon bestanden hatte. Die Amerikaner würden die Zerstörung der
militärischen und industriellen Ziele in Deutschland betrei-
ben und die Engländer weiterhin die Bombenangriffe auf
Wohnviertel fortführen, um die Widerstandskraft der Deutschen zu schwächen. In der Praxis bedeutete das, dass die
Engländer sich weiterhin auf Nachtangriffe spezialisierten
und diese Art des Luftkriegs verfeinerten und sie durch
technische Neuerungen wirksamer machten und die Amerikaner ihre Angriffe am Tag flogen.

Für die Deutschen hieß das, dass die Menschen aus den
Luftschutzkellern gar nicht mehr herauskamen.

Nach dieser Aufgabenteilung machte sich Harris daran,
eine deutschen Stadt nach der anderen in der gleichen Weise
wie Köln in Schutt und Asche zu bomben. Er legte sogar
eine regelrechte Liste deutscher Städte an und ließ sie von
Churchill genehmigen. Einmal, hoffte er, würde die Moral
der Deutschen gebrochen werden, und wenn »das ganze
Land von Wehklagen und Jammern widerhallen würde und
verzweifelte Bitten um ein Ende aus dem gequälten Volk die
deutsche Regierung stürzen« und den Alliierten den Sieg
bringen würde, auch ohne dass England in den Erdkampf
eingreifen müsste. Auch neue, furchtbare Waffen sollten
dazu eingesetzt werden, die die englische Rüstungsindustrie inzwischen erprobt hatte.

Was nun im Juli 1943 folgte, war die *Aktion Gomorrha*,

die Vernichtung von Hamburgs dicht besiedelter Altstadt, der Bezirke der Außenalster und der Arbeiterviertel Hamm und Hammerbrook mit 200.000 Bewohnern durch Luftminen, Flächenbrände und Phosphorbomben, die hier zum ersten Mal erprobt wurden.

Der Name der Aktion Gomorrha stammte von Harris selbst und sagt weniger etwas über den englischen Humor aus als über die Persönlichkeitsstruktur des Luftmarschalls, der sein Handwerk mit grimmigem Frohsinn ausübte, eben das eines *Schlächters*, wie seine eigenen Kollegen im Generalstab ihn bald nannten: Slaughter-Harris. Seine zynische Art der Namensgebung für Vernichtungsaktionen machte Schule noch bis zum Kosovo- und Afghanistankrieg.[58]

Am 24. Juli 1943 begann für die Hamburger ein Tag, den diejenigen, die dieses neue Gomorrha überlebt haben, nie vergessen können. Zunächst war die gesamte Luftabwehr in Hamburg durch ein neuartiges System der Engländer ausgeschaltet worden. *Windows* hieß das neue System und es funktionierte so einfach, dass man sich wunderte, dass man nicht schon längst darauf gekommen war: Man warf schon einige Zeit vor dem Angriff über dem Ziel Pakete mit je 2000 dünnen, 27 Zentimeter langen Streifen aus Stanniolpapier ab. 27 Zentimeter war die Wellenlänge der deutschen Würzburg-Radargeräte. Die langsam herabschwebenden dünnen Streifen erschienen auf den deutschen Radargeräten als Tausende winziger Pünktchen. Nachtjäger und Flakkanonen wurden dadurch wieder, was sie vor der Einführung des Radars gewesen waren – blind. Die Stadt Hamburg war praktisch schutzlos dem Vernichtungsangriff ausgeliefert.

Der Angriff wurde mit neuartigen Waffensystemen geführt, die ausschließlich zur Bekämpfung der Zivilbevölkerung erfunden worden waren und hier zum ersten Mal massiv eingesetzt wurden, Luftminen und Phosphorbomben. Die Luftminen waren riesige, meterhohe Metallbehälter von der Größe einer Litfaßsäule, gefüllt mit Sprengstoff, deren Explosion eine Druckwelle erzeugte, die in einem

Stadtviertel auf einer Fläche von einem Quadratkilometer die Dächer abriss. Auf diese Flächen fielen dann Tausende von kleineren Brandbomben, die viele einzelne, sich selbst weiterentwickelnde Flächenbrände erzeugten, die sich im Laufe der Nacht zu einem wahren Flammenmeer vereinten. Der Feuerwehrhauptmann Hans Brunswig aus Hamburg tat in der Nacht vom Dienstag zum Mittwoch, dem 28. Juli, Dienst in der Peilzentrale der Hauptfeuerwache. Er berichtete in der Fernsehdokumentation des Südwestfunks:

»Plötzlich setzte ein ungeheurer Bombenhagel ein. Wir wurden durcheinander geschüttelt und hatten große Angst – das soll nicht verschwiegen werden. Als der Bombeneinschlag etwas nachließ, gingen wir nach draußen, um nachzusehen, ob Brandbomben auf unser Gebäude gefallen waren. Wir sahen zunächst nur Feuer im Dachstuhl einzelner Häuser, doch nach wenigen Minuten kam ein gewaltiger Sturm auf in Richtung auf die Stadtteile Borgfelde und Hammerbrook. Je mehr man sich dem Zentrum dieser Höllenglut näherte, desto stärker wurde der Sturm, und er erreichte schließlich solche Gewalt, dass Menschen wie welkes Laub von ihm mitgenommen und ins Feuer getragen wurden.

Es setzte eine Massenflucht auf die Hauptfeuerwache ein. Darunter viele Schwerverletzte. Eine hochschwangere Frau kam völlig nackt durchs Tor gelaufen; sie war im Hammerbrook in einen der Wasserarme gesprungen, um den Flammen zu entkommen. Wenig später brachte sie in unserem Luftschutzkeller ihr Kind zur Welt. In diesen Stunden der Vernichtung war es uns ein Trost, dass wir melden konnten: ›Mutter und Kind wohlauf!‹ Aus einem Fenster der Hauptfeuerwache sah ich, wie aus den Fassaden jenseits des Vorplatzes die Flammen waagerecht und auf einer Länge von 20 Metern herausschossen. Als ich um eine Ecke der Hauptfeuerwache herumging, wurde ich glatt von dem Feuersturm umgeworfen. Ich musste kriechend zurück in den Windschatten. In den Straßen bildeten sich regelrechte

Feuerwirbel, die in ihren Bewegungen den Sandhosen ähnelten und fauchend zwischen den Fassaden entlangrasten. Was ihnen in den Weg kam, wurde wie mit einer gewaltigen Lötlampe in Augenblicken zu Asche verbrannt ...

Wir wollten zuerst zu einer Großtankstelle, wo große Mengen Benzin für uns gelagert waren. Die Häuser rechts und links der Straße waren alle ausgebrannt. In eine Querstraße abzubiegen war unmöglich. Sie waren alle verschüttet. Wir sahen Hunderte und Aberhunderte von Toten auf den Straßen und im Schutt. An einer Stelle lagen gleich 25 dicht beisammen, fast ausschließlich Frauen und Kinder, in allen Stadien der Verbrennung. Sie hatten hinter einer dichten Hecke Deckung gesucht, doch die Feuerwalze hatte Menschen und Büsche vernichtet ...«

Auf der Rückfahrt zur Hauptfeuerwache sah Brunswig in den Kanälen Hammerbrooks viele Leichen treiben; diese Menschen waren auf der Flucht vor dem Feuer ins Wasser gesprungen, waren dort ertrunken, erstickt oder von brennenden Balken und stürzendem Mauerwerk erschlagen worden. Aber auch die Hamburger »Fleete« – ausgebaute Seitenarme der Alster, die Hamm und Hammerbrook damals noch wie ein Kanalsystem durchzogen – boten keine Rettung für diejenigen, die mit der Flüssigkeit aus den Phosphorbomben in Berührung gekommen waren, der neuen Waffe des Luftkriegs gegen die Bevölkerung. Sie wurden hier in Hamburg zum ersten Mal eingesetzt. Es waren Bomben von nur zwölf Kilo Gewicht, die ein Wohnhaus bis zum Keller durchschlagen konnten, gefüllt mit Benzin und fünf Kilo gelbem Phosphor als Brandbeschleuniger, der sich entzündet, wenn er nur mit Sauerstoff in Berührung kommt, und dessen Flammen sich deshalb auch mit (Sauerstoff enthaltendem) Wasser nicht löschen lassen. Die Wirkung war verheerend.

Emma Biermann, die 1970 in unserem Haus in Hamburg lebte, um meine siebenjährigen Zwillingstöchter zu betreuen, war Augenzeugin dieser Hamburger Bombennacht und hat mir und den Kindern immer wieder davon erzählt. Wie sie in dieser ersten Nacht mit ihrem kleinen Sohn Wolf, der damals auch sieben Jahre alt war, an der Hand durch die Straßen von Hammerbrook lief, um sich und den Jungen irgendwo in Sicherheit zu bringen. Überall sah sie die laut schreienden, verzweifelten Menschen. Die mit der Flüssigkeit aus den Phosphorbomben in Berührung gekommenen Frauen oder Kinder liefen wie lebende Fackeln[59] auf die Straßen und suchten Schutz in den »Fleeten«. Viele sprangen einfach in die Fleete, ohne dass sie aufhörten zu brennen, die immer noch Lebenden konnten die steilen Betonwände der Fleete ohne Hilfe nicht mehr erklettern und ertranken, während ihre Körper noch weiter brannten.

Die von den Flächenbränden erzeugten Feuerstürme ließen auf den Straßen den Asphalt flüssig werden wie kochenden Teer, gewaltige Brandwirbel, die Temperaturen von bis zu 1000 Grad erreichten, verzehrten allen Sauerstoff und ließen durch die unvollständige Verbrennung nicht Kohlendioxid, sondern eine Unmenge von tödlichem Kohlenmonoxid entstehen, das schwerer als Luft ist und sich am Boden ausbreitete und Tausende Menschen in den Luftschutzkellern ersticken ließ. Andere erstickten an dem Sauerstoffmangel, der durch die riesigen Brände erzeugt wurde, wie etwa 400 Menschen im Keller eines Kaufhauses.

Noch einmal der Augenzeuge Brunswig: »In der gleichen Straße stießen wir auf einen Sanitätskraftwagen des Roten Kreuzes. Hinter dem Lenkrad saß tot der Fahrer, neben ihm seine Frau. Sie hatte in den Armen einen etwa sechsjährigen Jungen. Vielleicht hatten sie mit dem Fahrzeug aus Hamburg fliehen wollen. Sie waren unverletzt und ohne Brandwunden. Zweifelsfrei waren sie durch Hyperthermie, durch überheiße Luft, ums Leben gekommen.«[60]

Die nächtlichen Luftangriffe, von Tagesangriffen der Amerikaner abgelöst, dauerten fünf Tage.

Hamburg beklagte 45.000 Tote und eine größere Anzahl von Schwerverletzten. Viele blieben ihr Leben lang verkrüppelt und entstellt. 800.000 Menschen waren obdachlos und fanden in der ländlichen Umgebung Hamburgs Unterschlupf. Doch die Regierung in England betonte immer wieder, dass an der Elbe nur strategische Ziele angegriffen worden seien, wobei bedauerlicherweise auch Zivilisten in Mitleidenschaft gezogen worden seien. Die Wahrheit sprach sich durch Berichte der neutralen Presse und auch der US-Medien sehr bald herum. Es war das Ende der Legende vom »Kollateralschaden« im Zweiten Weltkrieg. Es war der Übergang dieses Krieges zum »organisierten Massenmord an Frauen, Kindern, Kranken und Alten«, wie es der amerikanische General Henssel später nannte. Doch die erwartete Demoralisierung der Bevölkerung trat auch in Hamburg nicht ein. Nach der Bestattung der Toten, die in aller Eile mit Lastkraftwagen auf den Ohlsdorfer Friedhof geschafft und in Massengräbern beerdigt wurden, gab es eine gewaltige, teilweise auch spontane Hilfsaktion aus ganz Norddeutschland, und von der Gauleitung wurden alle verfügbaren Kräfte mobilisiert, die mit einem nicht mehr für möglich gehaltenen Gemeinschaftssinn und äußerster Kraftanstrengung Tag und Nacht arbeiteten.

Eine Kraftanstrengung, die wenig mit dem Nationalsozialismus zu tun hatte, sondern vor allem eine Trotz- und »Nun erst recht«-Reaktion aller war. So wurden zuerst die Verkehrswege, die Strom- und Wasserversorgung wieder hergerichtet, die Lebensmittelversorgung durch Gemeinschaftsküchen, aber auch durch Sonderzuteilungen aus den Reserven des Gaus Hamburg sichergestellt, Betriebe nahmen die Arbeit wieder auf, und schon nach einigen Wochen normalisierte sich der Alltag der Überlebenden, in einem gewissen Umfang.

Viele der Geflohenen kamen aus dem Umland wieder zurück, richteten ihre Wohnungen her, so gut es ging, und bauten auf Grünflächen Behelfsheime, Nissenhütten und Bretterbuden, die erst lange nach dem Krieg geräumt wurden, selbst ausrangierte Güterwaggons richtete man wohnlich ein. Von Hamburg ging keine Revolte oder auch nur ein passiver Widerstand gegen das Dritte Reich aus. Von keiner der bis zur Unkenntlichkeit zerbombten deutschen Städte.[61] Die englischen Bomberstrategen konnten es nicht fassen.

Hitler überraschte das nicht, er hatte zu seinem Vertrauten und Rüstungsminister Speer über die Katastrophe von Hamburg nur gesagt: »Das bringen Sie schon in Ordnung.« Er forderte von Speer, nicht nur Tausende neue Jäger, sondern auch Bomber zu bauen, die in großen Geschwadern Vergeltungsangriffe gegen England fliegen sollten. Doch besaß Hitler damals nicht mehr die nachtwandlerische Sicherheit, die seine Generäle in den ersten zwei Jahren des Krieges bewundert hatten. Uneinigkeit der wichtigsten Entscheidungsträger lähmte die Diktatur, die nur auf den einen Führer zu hören gewohnt war. Göring wollte nach der Hamburger Katastrophe weitere Bombenangriffe durch einen massiven Einsatz von Jägern verhindern, deren Radargeräte inzwischen wieder funktionierten, nachdem man einen Weg gefunden hatte, das Window-System auszuschalten, und die teilweise sogar bereits mit kleinen Raketen bewaffnet waren.

Aber Hitler, früher entschiedener Gegner von Nachtangriffen auf die Zivilbevölkerung, hatte plötzlich beschlossen, wieder englische Städte anzugreifen und so »Terror mit Terror zu brechen«. So sollten vorrangig Bomber gebaut werden. Die deutschen Bomberpiloten, ohne ausreichenden Jagdschutz, flogen in den Tod, ohne nennenswerten Schaden anzurichten, die Angriffe wurden bald wieder eingestellt. Aber die 1000 neuen Jagdflugzeuge, die Speer trotz der erfolgreichen Angriffe der Amerikaner auf Regensburg und andere Orte (wo man die Messerschmidt-Jäger montierte) dennoch 1943 noch liefern konnte, wurden zum größten Teil an der Ostfront eingesetzt und nicht zum Schutz der Zivilbevölkerung. Der Kampf gegen die Sowjets hatte für Hitler Vorrang vor der Verteidigung der deutschen Städte, die er »schöner denn je« wieder aufzubauen

118

versprach. Möglicherweise nach ähnlichen städtebaulichen Vorstellungen, mit denen sie in den 60er-Jahren tatsächlich aufgebaut wurden – scheußlicher denn je.

Deutschland war angeschlagen, aber noch keineswegs besiegt. Noch wehte vom Nordkap bis Kreta die von den besiegten Völkern gefürchtete und gehasste Hakenkreuzfahne, und die Ressourcen der besetzten Länder wurden rücksichtslos ausgebeutet, um die deutsche Rüstungswirtschaft mit Rohstoffen zu versorgen und die Bevölkerung mit Lebensmitteln. Auch die Sowjetunion war schwer angeschlagen und die englische Wirtschaft erschöpft und ausgeblutet. Die amerikanische Hilfe würde erst im Verlauf des Jahres 1943 kriegsentscheidend wirksam werden. Bis dahin fürchteten die Engländer nicht ohne Grund den Erfindungsreichtum der deutschen Rüstungsindustrie und den entschiedenen Widerstand der Deutschen, besonders wenn es eines Tages zum Einsatz von Bodentruppen kommen sollte, also zu einer Invasion im Westen, die Stalin immer dringender forderte.

32.
Bombenteppiche und »Vergeltungswaffen« – der Krieg vor der Entscheidung

Bombermarschall Harris aber war immer noch davon überzeugt, dass man die deutsche Widerstandskraft nur durch massive Bombardierungen der Wohnviertel brechen könnte, wenn man nur skrupellos genug vorgehen würde, und er setzte alles daran, seine Thesen zu beweisen.

Den bereits von mehreren hundert Luftangriffen heimgesuchten Berlinern stand ihre wirkliche Leidenszeit noch bevor. Am 28. August 1943 begannen die schweren Angriffe der RAF auf Berlin, wobei systematisch Planquadrat für Planquadrat der Stadt mit Bomben belegt wurde. Bald sprach man von Bombenteppichen, die Stück für Stück die deutschen Städte zerstören sollten. Am 3. November 1943 behauptete Harris in einer Eingabe an Churchill: »Wir können Berlin von einem Ende bis zum anderen zerstören.« Am 7. Dezember versprach er dem Luftfahrtminister, er werde bis zum 1. April 1944 die wichtigsten Städte in Deutschland wenigstens bis zur Hälfte zerstört haben.

Im März 1944 musste Harris die systematische Vernichtung der Wohngebiete Berlins abbrechen, weil der Beginn der Invasion bevorstand. Zehn Quadratkilometer der Stadt lagen in Trümmern, 1,5 Millionen Menschen waren ausgebombt. In England wurden erste Stimmen der Kritik laut. Im englischen Oberhaus erklärte der Bischof George Bell, dass die Bombenteppiche kein geeignetes Mittel seien, den Krieg zu beenden, und zitierte dabei neutrale schwedische Zeitungen, die berichteten, dass die ausgebombten Berliner gerade nach den schlimmsten Zerstörungen erfüllt seien von »Kampfeswut gegen Großbritannien«. So konnten Goebbels und Göring mit ihren Begleitern die Trümmerstraßen besichtigen, ohne von den Einwohnern auch nur verbal angegriffen zu werden, sie wurden nur aufgefordert, endlich »Vergeltungsangriffe« zu führen.

Tatsächlich arbeitete man auf deutscher Seite an einer so genannten V-(= Vergeltungs-)Waffe, die auf dem Raketenantrieb beruhte, der V1, die im Grunde jedoch nicht mehr war als eine einzige, ziemlich langsam fliegende 2,2-Tonnen-Bombe mit einem Raketenantrieb, die nur eine Reichweite von 370 Kilometern und eine Streuung von vier Kilometern hatte und die man also ausschließlich für Terrorangriffe gegen die Zivilbevölkerung in London verwenden konnte, solange man die gegenüberliegende Kanalküste besaß. Dies war aber bereits mit Beginn der Invasion am 6. Juni 1944 fraglich geworden und tatsächlich konnten die ersten Angriffe der V1 erst am 16. Juni beginnen. Immerhin wurden im Juni Tausende V1-Geschosse auf London abgefeuert, bis die Abschussbasen von den Invasionstruppen erobert wurden. Das Gleiche galt für die V2, die allerdings lautlos aus der Stratosphäre herunterkam und nicht durch einen Fliegeralarm angekündigt werden konnte, weil sie durch keine Ortung erfasst wurde.

Sie war bereits eine Vorstufe der heutigen Mittelstreckenraketen, Interkontinentalraketen und anderer moderner Lenkwaffen wie den Pershings. Ungefähr 1500 der in der Herstellung sehr teuren V2 mit einem konventionellen Sprengkopf gingen ohne jede Vorwarnung auf London nieder, bis auch ihre Abschussrampen erobert waren. Die Hoffnung, mit diesen Raketen England »friedenswillig« zu bomben, die Hitler noch zu Beginn der Invasion in seinem Generalstab verbreitete, trog. Wie alle Hoffnungen, die man in diesem Krieg auf den Luftterror gesetzt hatte. Zwar gab es schon in den ersten drei Wochen in London 2752 Tote und zahlreiche Gebäudeschäden, aber es gab keine Panik oder Kriegsmüdigkeit bei den Londonern, wie Hitler vielleicht erwartet hatte.

33.
Die Amerikaner fürchten eine deutsche Atombombe

Der Einsatz der V1 und V2 war nicht im Geringsten kriegs-entscheidend, allenfalls konnte er in der deutschen Bevölke-rung Hoffnungen auf eine Wende des Krieges durch neue »Wunderwaffen« wecken, doch bald war jedermann klar, dass die Raketen nur gewöhnliche schwere Bomben trugen, von denen die alliierten Bomberkommandos täglich das Hundertfache über Deutschland abluden.

Eine wirkliche Wunderwaffe wäre allerdings für Deutschland wissenschaftlich und technisch machbar ge-wesen, die Atombombe, zu der deutsche Wissenschaftler schon in den 20er-Jahren die theoretischen Grundlagen ge-legt hatten und für die nun die damals modernste Trägerra-kete, die V2, die erste Mittelstreckenrakete der Welt, zur Verfügung stand. Während die USA noch im August 1945 ihre in aller Eile in zwei Exemplaren hergestellte Atom-bomben auf Hiroshima und Nagasaki bekanntlich aus Flugzeugen abwerfen mussten, die wegen der Zielgenauig-keit weit heruntergehen mussten, also hätten abgeschossen werden können.

Schon seit Beginn des Zweiten Weltkriegs beschäftigte sich das deutsche Heereswaffenamt mit der militärischen Nutzung der Atomenergie. Doch der geniale Nobelpreis-träger für Physik von 1933, Werner Heisenberg, fand die Vorstellung, eine Atombombe für Hitler zu schaffen »gräss-lich«. Auch gab es damals noch keine Möglichkeit, aus dem in der Natur vorkommenden Uran den eigentlichen Kern-brennstoff, das Uran 235, abzutrennen. 1941 eröffnete sich jedoch eine Alternative. Plutonium 239 erwies sich als ebenfalls spaltbar, und dieses konnte relativ leicht im Reak-tor erzeugt werden.

Heisenberg erzählte später: »Wir sahen eigentlich vom

September 1941 an eine freie Straße zur Atombombe vor uns.«[62] Jedenfalls glaubte der Nobelpreisträger zu diesem Zeitpunkt fest an den Sieg Deutschlands. Diesen Glauben teilte er damals mit vielen anderen deutschen Wissenschaftlern – und es scheint, dass er zusammen mit Carl-Friedrich von Weizsäcker, dem Bruder unseres langjährigen Bundespräsidenten, einen Versuch unternommen hat, seinen genialen Lehrer und Freund Nils Bohr, der, unbehelligt von der deutschen Besatzung, in Dänemark lebte und seine Forschungen fortsetzen konnte, zur Mitarbeit an der deutschen Atombombe, zumindest aber an dem ersten funktionierenden Kernreaktor – der Voraussetzung für die Herstellung einer Atombombe – zu überreden suchte.

Die Reise der beiden deutschen Wissenschaftler zu Nils Bohr nach Dänemark wurde gerade im Februar 2002 in allen Einzelheiten erörtert, nachdem die Erben Bohrs mehrere Brief*entwürfe* des dänischen Wissenschaftlers an Heisenberg der Presse übergeben hatten, die kaum eine andere Deutung zulassen. Danach steht fest, dass der berühmte Däne eine Zusammenarbeit mit den Wissenschaftlern des Dritten Reichs ablehnte und das deutsche Uranprojekt Heisenbergs, der in erster Linie einen (ersten) funktionierenden Atomreaktor schaffen wollte, nur auf kleiner Flamme lief, weil lange Zeit niemand an die Möglichkeit der Herstellung einer Atombombe ernsthaft glauben mochte. An eine Verwendung der V2 als Trägerrakete für Nuklearwaffen war deshalb 1944 nicht mehr zu denken.

Mit Wernher von Braun, dem Schöpfer der V2, und seinem Team aber sicherten sich die Amerikaner später einen entscheidenden Vorsprung für die Herstellung solcher Raketen. Den Russen blieb nur die zweite Garnitur der deutschen Wissenschaftler, die zusammen mit ihren sowjetischen Kollegen diesen Vorsprung jedoch bald aufholten.

Eine deutsche Atombombe war 1945 außerhalb des Vorstellungsvermögens von Hitler und Goebbels, kommt daher in den Goebbels'schen Tagebüchern auch nicht ein einziges Mal vor. Theoretisch hätte die V2 auch mit einer anderen Massenvernichtungswaffe beladen werden können. Aber einen Einsatz von Gas, zum Beispiel Tabun, einer Weiterentwicklung des gefürchteten Gelbkreuzgases aus dem Ersten Weltkrieg, das in großen Mengen produziert worden war und in sicheren Arsenalen lagerte, hatte Hitler, der 1917 als Soldat durch einen Gasangriff für längere Zeit erblindet war, ausdrücklich abgelehnt, die Forschung an Biowaffen sogar verboten.

Churchill dagegen hatte, wie erst im Juni 2001 auf einer Tagung in Dresden erörtert wurde, unter dem Codenamen »Operation Vegetarian« einen Einsatz von Anthrax, Milzbranderregern – gegen Rinderherden –, in Deutschland vorbereitet, die im schottischen *Gruinard* erprobt und bereits serienmäßig produziert wurden, dann aber nicht zum Einsatz kamen.[63]

Die Amerikaner fürchteten bis zuletzt die Entwicklung einer deutschen Atomwaffe und arbeiteten mit aller Anstrengung an einer eigenen einsatzfähigen Bombe. Erst im Juni 1945 hatten sie einen Prototyp zur Einsatzreife entwickelt, die Hiroshima-Bombe. Mit ihr konnte man die Zivilbevölkerung nicht mehr einschüchtern und in Panik versetzen, sondern auslöschen.

34.
Bomben gegen Hydrierwerke –
die Amerikaner entscheiden den Krieg

Die Entscheidung in diesem Krieg wurde nicht durch Harris' Krieg gegen die Zivilbevölkerung, sondern durch die Tagesangriffe der Amerikaner herbeigeführt, die, geschützt von neu entwickelten Begleitjägern, nach und nach die ganze militärische Infrastruktur Deutschlands zerstörten, vor allem aber die Treibstoffzufuhr unterbanden und die in großem Umfang aufgenommene Kohleverflüssigung durch Zerstörung der Hydrieranlagen verhinderten. Statt 9000 Tonnen, wie noch Anfang 1944, produzierten die Hydrierwerke, in denen Steinkohle in einem aufwendigen Verfahren zu Benzin verarbeitet wurde, Ende 1944 nur noch 200 Tonnen.

Das war das Aus. Das Dritte Reich hatte am Ende keinen Sprit mehr. Keinen Treibstoff mehr für seine immer noch vorhandenen und in abenteuerlichem Tempo in unterirdischen Anlagen in immer größerer Zahl hergestellten und verbesserten Panzer und Flugzeuge, darunter den ersten Düsenjäger der Welt, die Me 262[64]. Selbst eine erste Flugabwehrrakete war bereits fertig zur Serienfabrikation. Sie wurde in diesem Krieg nicht mehr produziert. Von den neuen U-Booten, die länger unter Wasser bleiben konnten, vom Radar nicht mehr zu orten sein sollten und mit Torpedos ausgerüstet waren, die ihr Ziel selbst suchten, wurden nur noch wenige vom Stapel gelassen.

Fast alle wurden in pausenlosen Bombenangriffen auf Kiel Ende Oktober 1944 zerstört, mit ihnen die gesamte Innenstadt. Die Bundesmarine benutzte einige der neuen Modelle noch bis in die 60er-Jahre. Immer wieder staunten die alliierten Staatsmänner und Generale über die Erfindungsgabe deutscher Wissenschaftler, Ingenieure und Konstrukteure beim Erzeugen neuer Rohstoffe und der Erfindung modernster Waffenmodelle und Produktionsmethoden. Sie gaben deutschen Stammtischen der Nachkriegszeit jahrzehntelang Gelegenheit, endlos darüber zu debattieren, wie man den Krieg doch noch hätte gewinnen können.

Verloren war er bereits Ende 1943. Mit der Zerstörung der Hydrierwerke war er praktisch beendet.

35.
Schlimmer als Hiroshima:
Der Feuersturm über Dresden

Als die deutsche Kapitulation nur noch eine Frage von wenigen Wochen war, am 13. Februar 1945, ordnete Luftmarschall Harris die umfangreichste Hinrichtung deutscher Zivilisten an, die es je in diesem Krieg gegeben hatte: die Vernichtung der alten Barockstadt Dresden mitsamt ihren Einwohnern und etwa 200.000 in der Stadt befindlichen Flüchtlingen durch einen überdimensionalen Flächenbrand. Es war ein Massaker, jedes Kriegsverbrechertribunals würdig.

Gerhard Erich Bähr (1894–1975), Dresden:[65] »Gegen ein Uhr kam der zweite Angriff, und das war erst die Hauptsache. Wir hockten wieder im Kellergang, wohl an die 40 Personen, Hausbewohner und Fremde. Schwere Einschläge rings um uns. Plötzlich ein ganz ungeheurer Schlag, sodass alles Licht verlöschte. Die Wände wankten, Quader stürzten auf uns, die Luft war vom Gesteinsstaub erfüllt, zum Ersticken … Dazu Stockfinsternis und Schreie der Menschen um uns. Wir lagen auf der Erde und erwarteten das Ende. Meine Beine waren verschüttet. Darauf lag ein Sandsteinquader, ein Koffer und ein dicker grauer Sack, der sich nass anfühlte und den ich wegzuschieben versuchte, um herauszukommen. Plötzlich merkte ich, dass es kein Sack war, sondern ein Mann ohne Kopf! Und dicht neben mir kauerten Hildegard und Ingelore. Mir verschlug es den Atem. Keinesfalls durften sie merken, was los war, damit sie nicht noch die Nerven verloren. Immer wieder versuchte ich, meine Beine herauszuziehen. Dass Gott sei Dank nichts gebrochen war, merkte ich ja. Aber ich kam nicht heraus und meine Verzweiflung stieg mehr und mehr. Mit einer geradezu übermenschlichen Anstrengung gelang es mir schließlich doch noch. Wir stellten fest, dass beide Mauerdurchbrüche hoffnungslos verschüttet waren und damit auch alles Gerät verloren war. Der Kellereingang war auch eingestürzt. Wir waren also völlig eingeschlossen. Durch den Mauerdurchbruch nach dem Hause Nicolaistraße 1 waren vom Einsturz des Nachbarhauses die losen Ziegelsteine in breiter Flut gerutscht und von dort kamen Hilfeschreie. Es war nicht heranzukommen, weil unser Kellergang verstopft war und halb verschüttet.

An der Unfallstelle konnte nur einer stehen und es war schon der alte Nasdal aus dem vierten Stock dort und räumte Ziegel weg. Mit einer Kerze, die ständig wieder ausging, leuchtete ich ihm und half, so gut es ging. In dem Schuttkegel steckte zunächst unser Nachbar, der alte Herr Seitmann. Ihn hatte es erschlagen und er lag auf dem Rücken mit ausgebreiteten Armen und steckte bis zum Leib im Schutt. Unter ihm schrie eine unbekannte Frau grauenhaft um Hilfe. Sie steckte ganz im Schutt und der Tote lag auf ihr, nur ihr Kopf war frei. Noch tiefer und nicht mehr zu sehen wimmerte noch eine Frau. Wir arbeiteten wie rasend, aber wenn Nadsdal einen Ziegel wegnahm, rutschten 20 bis 30 neue nach. Es wurde immer schlimmer und die Hilferufe wurden schwächer.

Plötzlich rief alles: »Die Kohlen brennen!«, und in stinkenden Schwaden kam es heran. Es war kein Zweifel mehr, das war das Ende. Ich sah mich um nach Hildegard und Ingelore und sah sie nicht. Es war überhaupt alles leer da vorn. Im nächsten Augenblick entdeckte ich eine Bewegung nach dem Eckkeller. Dort hatte eine Zeitzünderbombe wie durch ein Wunder auf einmal doch noch eine kleine runde Kellerluke aufgerissen. Die war unvergittert, weil der Kellereigentümer eigenmächtig vor wenigen Tagen das Gitter entfernt hatte, was noch Krach mit dem Hauswirt gegeben hatte.

Nun war dieses Wunder unsere Rettung!

Wer kann begreifen, dass man einen um Hilfe schreienden Menschen in Todesangst im Stich lässt? Es kann kaum

Schlimmeres geben! Zu helfen war nicht und in den nächsten Minuten wären wir mit erstickt. So war die Lebensangst der Kreatur stärker und wir stürzten wie irrsinnig dem Rettungsweg nach. Auf den Trümmern einer Leiter, an der die ersten drei Sprossen fehlten, kletterte ich hinter Ingelore hinaus und zog Hildegard hinter mir her.

Draußen war es, als ob man in einen feurigen Ofen käme. So weit man sehen konnte, ein brüllender Feuerorkan! Alle die fünfstöckigen Häuser ringsum brannten von unten bis oben und leuchteten wie geschmolzenes Eisen. Die Flammen schlugen stockwerkhoch aus allen Fenstern.«

Eine Steigerung der Grausamkeit gegen Frauen und Kinder schien nicht mehr denkbar. Hiroshima war eine solche Steigerung. Doch die Opfer der amerikanischen Atombombe auf Hiroshima starben ohne Furcht, in einem Augenblick ungläubiger Überraschung. Sie sahen von der Atomexplosion nur ein sehr helles Licht. Die es gesehen hatten, waren im gleichen Augenblick schon tot. Die Bewohner von Dresden und die in der Stadt kampierenden Flüchtlinge starben unter Höllenqualen in einem von Harris und seinen Planern wissenschaftlich vorausberechneten Inferno von Feuerstürmen. Noch in die überfüllten Parks und Grünanlagen, in die sich Zehntausende von Verzweifelten geflüchtet hatten, warf man Luftminen und Splitterbomben. Der Sog des Feuers war so heftig, dass es allen Sauerstoff wie in einem Gebläse aufsaugte und die Menschen, die keinen Sauerstoff mehr einatmen konnten, sodass ihre Lungenbläschen von innen her platzten, einen qualvollen Erstickungstod erlitten.

Götz Bergander (* 1927), Dresden: »In der Bismarckstraße, unter der Gütergleisrampe des Hauptbahnhofs, waren die Leichen aufgeschichtet. Ordentlich, Leib für Leib, lagen sie da, fertig zum Abtransport. Leichen jeden Alters und in jedem nur denkbaren Zustand: nackt und bekleidet, verkrampft und gestreckt, blutverkrustet und fleckenlos, verstümmelt und äußerlich unverletzt. Kinder, die weniger

Platz brauchten, zwischen die Erwachsenen gezwängt. Dicke Flüchtlingsfrauen in ihren schwarzen Wolltüchern und Wollstrümpfen. Frauen, ungeschickt hingepackt, bis zur Hälfte entblößt. Männer wie schlaffe graue Säcke. Männer in langen weißen Unterhosen, verdreht, verschränkt, mit und ohne Schuhe. Gesichter mit offenen und geschlossenen Augen. Gelegentlich spießte ein Arm in die Luft oder ein Körper konnte, wegen angezogener Beine, nicht so holzscheitartig eingepasst werden. Ein wahnwitziges Monument, eine lange Barrikade. Diese Toten waren noch kenntlich. Später, auf den Pferdefuhrwerken, waren sie es nicht mehr.«

Ursula Flade (* 1921): »Es ist noch dunkel, als ich gegen vier Uhr wach werde und mit sofort anziehe und auf den Weg mache. Ich muss durch eine Überführung der Bahngleise am Neustädter Bahnhof. Nur eine schmale Gasse führt noch hindurch: links und rechts hoch aufgeschichtet Leichenberge. Die Köpfe zeigen nach einer Richtung, die Füße nach der anderen. Als ich durch bin, stehe ich vor einem riesigen Berg von Leichen: verbrannte, verkohlte, zerstückelte Leichen. Bekleidete und nackte Leichen. Verkohlte abgerissene Beine und Arme. Und überall der Ekel erregende süßliche Gestank von Verwesung. Mir wird schwarz vor den Augen. Ich renne, renne, bleibe stehen, muss mich übergeben. Ich bin ganz allein, weit und breit keine Menschenseele, das alles ist nicht wahr, denke ich. Aber es ist wahr. Und ich muss weiter. Ich klettere über Steinbrocken und Schutt, über noch qualmende Balken, komme an einer Ruine vorbei, an deren verkohltem Haustürrahmen ein Zettel hängt: ›Lisa, wir leben. Sind in Radebeul. Vater.‹ Also gibt es Menschen, die das Inferno überlebt haben.«

Auf die Überlebenden und Flüchtenden machten amerikanische Begleitjäger, die keine deutschen Flugzeuge mehr vorfanden, Jagd mit ihren schweren Maschinengewehren, mit großem Erfolg, wie man hört. Dieser Massenmord an

Zivilisten wurde denn auch schon im gleichen Monat Februar von den großen englischen Zeitungen erstmals so genannt und kritisiert. Auch nach dem Krieg, als Arthur Harris, wenig geehrt auch von seinen Vorgesetzten und den anderen Kriegskameraden, alle Publikumsgunst verloren hatte, fiel es ihm nicht schwer, die Auslöschung von Dresden und seiner Bewohner zu rechtfertigen. Er starb, im Gegensatz zu den anderen führenden Militärs der Alliierten, ohne Einsicht und überzeugt, seinem Land am besten gedient zu haben, am 5. April 1984.

40.000 Tote gab die amtliche Statistik der Stadt Dresden in der DDR-Zeit an, das war die Zahl der tatsächlich identifizierten, auf den Plätzen der Stadt verbrannten und in den Massengräbern bestatteten Leichen. Über die wirkliche Anzahl der in den Trümmern verglühten oder pulverisierten Flüchtlinge und Einwohner gehen die Schätzungen weit auseinander. Der Bericht des Befehlshabers der Ordnungspolizei, Grosse, Oberst der Schutzpolizei in Dresden, vom 22. März 1945 spricht von 68.650 »Gefallenen«, die auf den großen Plätzen der Stadt verbrannt wurden und deren Asche auf Friedhöfen bestattet wurde. Hierbei handelt es sich um identifizierte Opfer. Die Zahl der bis zur Unkenntlichkeit verbrannten oder durch die Hitzeeinwirkung gänzlich pulverisierten Opfer kann nur geschätzt werden, eine zusammenfassende Darstellung des Internationalen Roten Kreuzes von 1946 – Report of the Joint Relief 1941–1946 – gab die Zahl der Toten in und um Dresden mit 275.000 an.[66]

Gerhart Hauptmann, Agnetendorf, in seinem Tagebuch am 29. März 1945: »Wer das Weinen verlernt hat, der lernt es wieder beim Untergang Dresdens. Dieser heitere Morgenstern der Jugend hat bisher der Welt geleuchtet. Ich weiß, dass in England und Amerika gute Geister genug vorhanden sind, denen das göttliche Licht der Sixtinischen Madonna nicht fremd war und die von dem Erlöschen dieses Sterns allertiefst schmerzlich getroffen weinen.

Und ich habe den Untergang Dresdens unter den Sodom-

und-Gomorrha-Höllen der englischen und amerikanischen Flugzeuge persönlich erlebt … Ich stehe am Ausgangsort des Lebens und beneide alle meine toten Geisteskameraden, denen dieses Erlebnis erspart geblieben ist.«

Und niemand in der Welt konnte vorher sagen, was passieren würde, wenn die Amerikaner in ihrem eigenen Land hautnah das nachempfinden könnten, was die Einwohner von Dresden in der Nacht vom 13. auf den 14. Februar 1945 beim Feuersturm gefühlt hatten, der an einzelnen Stellen Wirbel bildete, die wie ein Schmelzofen bis zu 1000 Grad Hitze erreicht hatten, was die flüchtenden Frauen und Kinder fühlten, bevor das Feuer sie erreichte und ihre Körper zu der Größe eines verkohlten Sonntagsbratens zusammenschrumpften. Die Amerikaner hatten nur ganz wenige Luftaufnahmen von der wie ein gigantischer Hochofen glühenden Stadt in der Wochenschau sehen können, nicht die endlosen Reihen der verkohlten Leichen, die man in Massengräbern bestattete. Davon sind kaum Archivbilder vorhanden, die Deutsche Wochenschau hielt diese Schreckensbilder zurück.

Als der Zweite Weltkrieg durch die Kapitulation Japans beendet war, lag ein großer Teil Deutschlands einschließlich ungezählter seiner wertvollsten, in vielen Jahrhunderten erbauten Kulturdenkmäler in Schutt und Asche – in den USA war nicht mal ein Ziegelstein vom Dach gefallen. So blieb es auch während der ganzen 56 Jahre der Nachkriegszeit, trotz der mörderischen Kriege in Korea, Algerien, Vietnam und dem Krieg der Sowjets in Afghanistan – mit Bin Laden als amerikanischem Verbündeten – dem Golfkrieg und schließlich den Balkankriegen gegen Milošević.

Das amerikanische Publikum war sich seines Logenplatzes im Welttheater sicher und gewohnt, nur von den besten Reportern und Kameraleuten der Welt bedient zu werden, vom Schlachtfeld direkt in die Wohnstube mit den Potatochips. Jahrelang sah es vom Weltkrieg und vom zerstörten Deutschland, von Hiroshima und Korea nur die schönen, tönenden Wochenschauen, ab 1945 schon in Farbe, die noch aussahen wie handkoloriert. Der Vietnamkrieg brachte neben den Splitterbomben und den Entlaubungsmitteln auch eine neue Farbqualität auf die Fernsehschirme, die Blutlachen bei der Erschießung von Vietcong-Sympathisanten wirkten jetzt lebensechter.

Was die Berichterstattung noch offen ließ, füllte die Phantasie der Filmemacher mit gewaltigen Filmepen, die immer, auch die härtesten, zugleich etwas Kulinarisches hatten, etwas, was sich man sich gern zweimal ansah, weil es so gut gemacht war, und das, obwohl es auch kritisch war, doch zum größeren Wohlbefinden der Nation beitrug, weil man sich sagen konnte: Wir, die wir die Wälder mit *Agent Orange* entlaubt und Napalm über die Unschuldigen ausgegossen haben, haben immerhin auch diesen schonungslosen Film gedreht und verkauft, wir Amerikaner.

Jahrelang sah das amerikanische Publikum vom Golfkrieg und von den Balkangräueln nur diese perfekten, videogerechten Computeraufnahmen, die von echten Videospielen auch mit Mühe nicht zu unterscheiden waren, sah den sauberen Golfkrieg und später die noch weiterentwickelten »sauberen« Präzisionsbomben und zielgenauen Raketen auf Belgrad, mit gelegentlichen Kollateralschäden bei der Zivilbevölkerung oder der Chinesischen Botschaft, aber niemand in der Welt vermochte den New Yorkern diese Höllenglut des brennenden Kerosins, diesen Brand- und Leichengeruch, diese live aus den Türmen springenden, strampelnden Menschen, diese Berge von rauchenden Trümmern und Schutt je ins eigene Haus zu bringen, wie es am 11. September geschah.

Heute, nach dem 11. September 2001, gibt es keinen New Yorker, der jetzt die Schilderungen der Bombenopfer von Dresden und Hiroshima noch mit dem gleichen höflichen Desinteresse anhören würde wie vor dem Angriff auf die Zwillingstürme in Manhattan.

36.
War der Bombenkrieg gegen die Zivilisten ein Kriegsverbrechen?

Doch der unbegrenzte Bombenkrieg der letzten Kriegsjahre wird in die Erinnerung der Völker eher als ein Kriegsverbrechen eingehen als ein Beitrag zum Sieg der Alliierten über Hitler.

Douhets Theorie von der Demoralisierung der Bevölkerung und ihrem Einfluss auf die Kapitulation stimmte mit der Wirklichkeit des Zweiten Weltkriegs nie überein, weder in den Diktaturen noch in demokratischen Staaten. Auch in England fand eine Demoralisierung der Bevölkerung nicht statt, Görings Spekulationen auf eine Bereitschaft der Briten, nach den Bombardierungen von London, Coventry und Birmingham zu revoltieren, »um Gnade zu winseln«, einen Druck auf die eigene Regierung auszuüben, waren ja fehlgegangen, auch die deutschen Bomben hatten nur ein Zusammenrücken der Bevölkerung gegen den Urheber der Bombenangriffe, den Feind, die »Hunnen«, bewirkt.

Selbst die Luftangriffe gegen Ende des Krieges auf London durch die V1-Raketen, nicht einmal die lautlos aus der Stratosphäre herankommenden und von keiner Flak und keinem Nachtjäger zu erreichenden V2-Raketen erzeugten bei den Londonern eine Panik oder eine Demoralisierung – nach einer kurzfristigen Schreckensphase von wenigen Tagen lernte man schnell, dass die V2 nur eine verhältnismäßig kleine Bombenlast tragen konnte, nicht zielsicher war und den Deutschen nicht in größerer Anzahl zur Verfügung stand.

Bombenterror gegen die Zivilbevölkerung hätte auch die USA nicht in die Knie gezwungen und sie gegen ihren Präsidenten mobilisiert. Japan hätte selbst nach dem Abwurf der beiden (einzigen) Atombomben auf Hiroshima und Nagasaki nicht kapitulieren müssen, wenn es nicht ohnehin militärisch am Boden gelegen hätte und ebenfalls keinen Treibstoff mehr besaß – die Atombombe war für die japanischen Militärs und den Tenno eine gute Gelegenheit, ohne Gesichtsverlust aufzugeben.

Auch die zu Superbomben gemachten Flugzeuge der radikal islamischen Assassinen richteten sich gegen Unbewaffnete und, wie man immer wieder gedankenlos sagt, Unschuldige. Dahinter verbirgt sich die Spekulation, der alle Diktatoren, aber leider auch die gegen sie Krieg führenden Demokraten anhängen, die Zivilisten seien der am leichtesten zu verwundende und deshalb schwächste Teil der Gesellschaft, weil die Herrschenden eines Tages, überwältigt von Mitgefühl und ohnmächtiger Trauer über das Leid der Unschuldigen, aufgeben und die weiße Fahne aushängen würden. Die Antwort der amerikanischen Regierung auf die Kriegserklärung der in Afghanistan ausgebildeten und unterstützten Assassinen war der Krieg gegen das Terrorsystem der Taliban und der Al-Qaida. Der Krieg verletzte und tötete auch Tausende von Frauen und Kindern, und in Afghanistan war er buchstäblich ein Krieg gegen die Hütten.

Aber er war kein systematischer Vernichtungskrieg gegen die Zivilbevölkerung, wie Bomber-Harris ihn 1945 gegen Dresden geführt hatte und der *nach* Dresden noch einmal 40.000 Flüchtlinge und Einwohner von Swinemünde traf, die dort zusammengedrängt auf Rettung durch die Schiffe warteten, die sie über die Ostsee in den Westen bringen sollten, und in einem beispiellosen Bombenhagel getötet wurden. Zur gleichen Zeit wurde die Stadt Pforzheim, die weder strategische Bedeutung hatte noch kriegswichtige Güter herstellte, dem Erdboden gleichgemacht – mit 15.000 Toten –, nur weil sie die einzige noch nicht zerstörte deutsche Großstadt war. Auch ihre Zerstörung war ein Kriegsverbrechen nach den Gesetzen des Nürnberger Kriegsverbrechertribunals.

Das Statistische Bundesamt gibt die Zahl der Toten durch

Luftangriffe auf dem Gebiet des Deutschen Reiches in den Grenzen von 1937 mit 593.000 an, ohne Österreich, Danzig und das Sudetenland. Mit diesen Gebieten zusammen sind es 653.000 Tote.

Der Krieg in Afghanistan hat eine neues Nachdenken auch über den Zweiten Weltkrieg erzeugt. Der bis zum 11. September 2001 verschwiegene oder in seiner Bedeutung relativierte Bombenkrieg der Amerikaner und Engländer gegen Deutschland muss seit dem Beginn des »Weltkriegs gegen den Terrorismus« in einem neuen Licht gesehen werden. Nicht nur im Ausland, sondern auch von den *über*umerzogenen und zaghaften Deutschen selbst.

Der alliierte Bombenkrieg gegen die deutschen Städte war Massenmord, vom Bündnispartner England systematisch und fast fabrikmäßig betrieben, von den Amerikanern lange mit einer gewissen Distanz betrachtet, aber am Ende klar mitgetragen und also mit zu verantworten. Es war ein Krieg der Alliierten gegen die Zivilbevölkerung, im Namen der Gerechtigkeit gegen die Schuldigen betrieben, gerichtet gegen Unschuldige.

Wie schon vor einigen Jahren angesichts der Flüchtlingsströme aus dem Kosovo, den Konzentrations- und Vernichtungslagern der Jugoslawen, der systematischen, der massenhaften Vergewaltigung und Erniedrigung bosnischer Frauen wenden sich die Blicke der Deutschen zurück in ihre eigenen Vergangenheit, von der zu sprechen ihnen 57 Jahre lang untersagt war, bei Strafe der gesellschaftlichen Ächtung. Geächtet als »Unverbesserliche«, die die Gnade der Verbesserung – durch die Umerziehung – nicht angenommen hatten. Oder als Revanchisten, Ewiggestrige. Aber neuerdings sehen viele Deutsche ihre eigene Vergangenheit deutlicher. Auch junge Deutsche. Seit *überall* auf der Welt das Leid und die Not der *unschuldigen* Opfer beklagt werden, lernen sie, dass auch sie, ihre Kinder, Mütter und Großmütter, unschuldig waren und dass auch sie Anspruch auf Trauer und Erinnerung an ihre Toten haben.

Die Geschichte der Bombenkriege gegen die Zivilisten lehrt, ebenso wie die Geschichte des Dreißigjährigen Krieges, dass die Mächtigen und Großen mit den Leiden der Frauen und Kinder nicht erpressbar sind. Erst wenn sie selbst hungern, waffenlos sind und vor ihrem Tode stehen, geben sie auf. Nicht ohne ihre Nachfahren zum nächsten, dem letzten Gefecht aufgefordert zu haben.

Die geschundenen Völker aber leben weiter. Sie überleben die Geschichte der Diktatoren und Welteroberer. Ihr Geheimnis ist ihre Zahl und ihre Anonymität. Ihre Widerstandskraft ist zäh, wie die Wurzeln des Grases. Etwas von ihnen überlebt selbst die Pogrome, die Umsiedlungen und Vertreibungen ganzer Völker, die Massenhinrichtungen Karls des Großen, die Eroberungszüge der Hunnen und der Mongolen, den Völkermord an den Armeniern, den Rassenmord der Nationalsozialisten an den europäischen Juden und den Klassenmord Stalins an sieben Millionen Bauern.

Das Geheimnis ihres Überlebens ist die Erinnerung. Sieben Jahrhunderte bewahrten die Überlebenden mündlich die Erinnerung an den Brand und die Zerstörung der Handelsmetropole Troia und die Vertreibung seiner Bewohner durch die Griechen, bis im 8. Jahrhundert v. Chr. Homer die Überlieferungen aufzeichnete. Und auch wir wollen den Krieg gegen die Hütten, die Bombenteppiche und Splitterbomben, die Feuerstürme von Hamburg und Dresden im Gedächtnis behalten und weitergeben, bis eines Tages ein Dichter auch dieses Epos aufschreibt.

DER GROSSE TRECK

*»Wenn die Staaten seit dem Ende des Zweiten Welt-
kriegs mehr über die Vertreibung der Deutschen
nachgedacht hätten, wären die heutigen Katastro-
phen und Vertreibungen, die vor allem als ›ethnische
Säuberungen‹ bezeichnet werden, vielleicht nicht in
diesem Ausmaß vorgekommen.«*

*Der UNO-Hochkommissar für Menschenrechte,
José Ayala Lasso, am 28.5.1995*

37.
Die Flucht vor der Roten Armee.
Nemmersdorf

Die Zivilbevölkerung in den von alliierten Bombenge-
schwadern erreichbaren Städten im Westen und Norden
Deutschlands hatte vier Jahre lang Unsägliches erlitten und
mehr als 700.000 Tote zu beklagen, die Menschen in den
Ostprovinzen waren von den Schrecken des Krieges fast
unberührt geblieben.

Für die Deutschen in Ostpreußen, Pommern, Schlesien
und dem Sudetenland begann erst ganz am Ende des Krieges, im Frühjahr 1945, eine lange Leidenszeit. Sie waren
Stalins Geiseln, Beute der siegreichen Sowjetmacht neben
allen irgend beweglichen Gütern, darunter sogar Eisen-
bahnschienen und Hafenanlagen. Sie wurden verschleppt,
als »lebende Reparationsleistung« waren sie viele Jahre lang
Zwangsarbeiter unter mörderischen Bedingungen – Tausende Meter unter Tage wie in Workuta oder im Dauereis
von Sibirien. Außer den Alten und Kranken waren es meist
Frauen und Mädchen bis zu 13 Jahren, die schon als arbeits-
fähig eingestuft wurden, die kleinen Kinder wurden den

Müttern einfach weggenommen und irgendwohin ins Innere Russlands verschleppt. In Kinderheimen und Pflegefamilien verloren sie ihre Identität, die meisten Überlebenden sind bis heute verschollen.

Für die deutschen Frauen und Kinder im sowjetischen Machtbereich aber begann eine Zeit, wie es sie in Deutschland seit dem Dreißigjährigen Krieg nicht mehr gegeben hatte, die allgemeine, unbeschränkte Leidenszeit: die massenhafte und monatelang betriebene Vergewaltigung von Frauen und halbwüchsigen Mädchen. Viele wurden sogar nach der Gewalttat erschlagen.

Nemmersdorf am 23. Oktober 1944 war nur das Vorspiel. Es war das erste Eindringen der Russen auf deutsches Staatsgebiet. Aber der Einbruch der russischen Panzerverbände der 11. Gardearmee unter Generaloberst Galitzki wurde durch einen deutschen Gegenangriff abgeriegelt, Nemmersdorf und viele andere Ortschaften im Kreis Gumbinnen wurden zurückerobert. Die Sowjets stellten den Vorstoß vorläufig ein, ihr Großangriff begann erst am 12. Januar. Während der kurzen sowjetischen Besetzung wurde die gesamte Zivilbevölkerung von Nemmersdorf und anderen Ortschaften umgebracht, teils auf barbarische Weise.

Nach neuesten Recherchen, die im November 2001 in der Fernsehsendung *Die große Flucht* vorgetragen wurden, waren die Bilder von vergewaltigten und anschließend verstümmelten und an einem Scheunentor gekreuzigten Frauen manipuliert, ein Augenzeuge berichtete aber von fünf Mädchen und Frauen, deren Leichen er an der Wand einer Scheune in Nemmersdorf angenagelt gesehen habe. Mag sein, dass die Leichenfunde nachträglich noch für die Fotografen arrangiert worden sind. Die Wirklichkeit war schlimm genug. *Alle* Einwohner des Dorfes, bis auf eine Zeugin, die durch Zufall schwer verwundet überlebt hatte, waren erbarmungslos umgebracht worden, Greise, Frauen und Kinder bis zum gerade geborenen Baby.

Darüber liegt ein Bericht des ehemaligen Stabschefs der

4. Armee, Generalmajor Erich Dethleffsen, vor. Nach seiner Aussage wurde »in einer größeren Anzahl von Ortschaften südlich Gumbinnen die Zivilbevölkerung, zum Teil unter Martern wie Annageln an Scheunentore, durch russische Soldaten erschossen. Eine große Anzahl von Frauen wurde auch vergewaltigt. Dabei sind auch etwa 50 französische Kriegsgefangene durch russische Soldaten erschossen worden.«

Der Augenzeuge Karl Potrek, damals Volkssturmmann, berichtete: »Meine Volkssturmkompanie erhielt den Befehl, in Nemmersdorf aufzuräumen ... An dem ersten Gehöft, links von dieser Straße, stand ein Leiterwagen. An diesem waren vier nackte Frauen in gekreuzigter Stellung durch die Hände genagelt ... An diesem Gasthaus stand längs der Straße eine Scheune. An den beiden Scheunentüren war je eine Frau, nackt in gekreuzigter Stellung, durch die Hände angenagelt. Weiter fanden wir dann in den Wohnungen insgesamt 72 Frauen einschließlich Kinder und einen alten Mann, die sämtlich tot waren, fast ausschließlich bestialisch ermordet bis auf wenige, die Genickschüsse aufwiesen. Unter den Toten befanden sich auch Kinder im Windelalter, denen mit einem scharfen Gegenstand der Schädel eingeschlagen war. In einer Stube fanden wir auf einem Sofa in sitzender Stellung eine sehr alte Frau vor, die vollständig erblindet (gewesen) und bereits tot war. Dieser Toten fehlte der halbe Kopf, der anscheinend mit einer Axt oder einem Spaten von oben nach dem Halse weg gespalten war ... Am vierten Tage erst wurden dann die Leichen in zwei Gräbern beigesetzt. Erst am nächsten Tag erschien die Ärztekommission ... Einstimmig wurde dann festgestellt, dass sämtliche Frauen wie Mädchen von acht bis zwölf Jahren vergewaltigt waren, auch die alte blinde Frau.«[67]

Diese Aussage wurde 1953 für die Dokumentation des Bundesvertriebenenministeriums gemacht, also sieben Jahre nach den Ereignissen. Auch ausländische Zeitungen wie das norwegische Blatt *Fritt Folk* und der Schweizer *Courrier de*

Genève brachten Bilder von den getöteten Frauen und berichteten: »Am Straßenrand und in den Höfen der Häuser lagen massenhaft Leichen von Zivilisten, die planmäßig ermordet worden waren. Unter anderem sah ich zahlreiche Frauen, die man nach der Lage der verschobenen und zerrissenen Kleidungsstücke zu urteilen, vergewaltigt und danach mit Genickschuss getötet hatte, zum Teil lagen daneben auch die ebenfalls getöteten Kinder« (*Courrier* vom 7. November 1944).

Guido Knopp, in seiner Fernsehdokumentation »Die große Flucht«, ausgestrahlt im November 2001 im ZDF, sichtlich um Objektivität bemüht, vermutet, dass das Goebbels'sche Propagandaministerium die bereits bestatteten Leichen für die ausländische Presse extra noch einmal exhumieren und herrichten hat lassen, zweifelt aber die Morde und Vergewaltigungen ebenso wenig an wie die sadistischen Grausamkeiten: »Die sich bis heute hartnäckig haltenden Berichte über Frauen, die die Rotarmisten bei lebendigem Leib an Scheunentore genagelt hätten, scheinen hingegen nicht dem erfindungsreichen Gehirn des Propagandaministers zu entstammen. Ein von ihm aufgefundener Zeitzeuge, der damalige deutsche Kriegsberichterstatter Hanns-Joachim Paris, bestätigt: »Ein grauenhaftes Bild: Junge Mädchen und Frauen waren nackt an die Scheunentore genagelt worden. Es war grausam und wirklich kaum vorstellbar.«[68]

Es ist nicht das einzige Mal, dass dieses Ritual einer Kreuzigung nackter Frauen von deutschen Flüchtlingen in der »Dokumentation der Vertreibungsverbrechen des Bundesarchivs« in Koblenz berichtet wird. Das barbarische Ritual ist wahrscheinlich uralt und geht bis in die Zeit der Christenverfolgung zurück, zuletzt war es 1915 bei dem Völkermord der Türken an einer Million Armenier angewandt worden.[69]

War die besondere Grausamkeit nur ein spontaner Ausbruch von Wut der über den erbitterten deutschen Widerstand und die eigenen Verluste erbosten Frontsoldaten? War der Deutschenhass nicht auch monatelang durch Flugblätter und Soldatenzeitungen von der russischen Propaganda geschürt worden? Selbst berühmte Schriftsteller wie der auch im Westen bekannte Ilja Ehrenburg waren sich nicht zu schade, dabei mitzuwirken. Ehrenburg hatte gerade einen Monat *vor* Nemmersdorf in einem Flugblatt geschrieben:

»Die Deutschen sind keine Menschen ... Wenn du einen Deutschen getötet hast, töte einen zweiten – für uns gibt es nichts Lustigeres als deutsche Leichen. Zähle nicht die Tage. Zähle nicht die Kilometer. Zähle nur eines, die von dir getöteten Deutschen.«

Alexander Solschenizyn berichtet darüber, dass am Grenzübergang nach Deutschland Schilder aufgestellt waren, auf denen stand: »Rotarmist, Du stehst jetzt auf deutschem Boden – die Stunde der Rache hat geschlagen.«[70]

»Die deutschen Frauen werden die Stunde verfluchen, in der sie ihre Söhne – Wüteriche – geboren haben. Wir werden nicht schänden. Wir werden totschlagen«, schrieb Ehrenburg am 17. September 1944. Andere Russen aber schändeten, wo sie nur eine Frau oder ein junges Mädchen fassen konnten. Und einige Schriftsteller riefen sogar dazu auf:

»Folgt der Weisung des Genossen Stalin und zerstampft für immer das faschistische Tier in seiner Höhle. Brecht mit Gewalt den Rassehochmut der germanischen Frauen! Nehmt sie als rechtmäßige Beute«, stand auf einem Flugblatt, das man lange Zeit Ilja Ehrenburg zuschrieb. Die Urheberschaft des berühmten Schriftstellers an diesem Flugblatt ist nicht zweifelsfrei nachzuweisen, aber seine rund 3000 veröffentlichten Flugblatttexte und Aufrufe atmen den gleichen Geist des Hasses:

»Es genügt nicht, die Deutschen nach Westen zu treiben. Die Deutschen müssen ins Grab hineingejagt werden. Gewiss ist ein geschlagener Fritz besser als ein unverschämter. Von allen Fritzen aber sind die toten die besten.«

Brecht den Rassehochmut. Ausgerechnet die ostpreußischen Landmarjellchens mit ihren breiten, bäuerlich östlichen Wangenknochen, Erbe der vielfältigen Vermischung westfälischer und hessischer Siedler mit der pruzzischen Urbevölkerung, rassehochmütig? Niemand von ihnen hatte sich für Abkömmlinge einer Hochrasse oder überhaupt einer Rasse gehalten, nicht einmal die Töchter der preußischen Gutsbesitzerfamilien glaubten solchen Unsinn. Aber den jungen sowjetischen Soldaten im besten Alter war es gleich, ob sie die 13-jährigen Bauernmädchen mit Gewalt nahmen oder die Töchter des Gutsbesitzers.

Das Besondere dieser jetzt ständig, täglich, massenhaft, über viele Monate vorkommenden Gewalthandlungen war die plötzliche freie Verfügbarkeit über Leib und Leben anderer Menschen. Straffreier Raub, Vergewaltigung und Mord nach Belieben und von den Vorgesetzten sogar ermutigt oder zumindest hingenommen – manchmal auch, wie viele Augenzeugen berichten, von diesen selbst begangen, enthemmt und illuminiert durch Wodka und anderen Schnaps, den sie in den staatlichen Magazinen oder den Vorratskellern der Häuser vorfanden.

Das setzte atavistische Instinkte aus der Frühzeit der Menschheit frei, wo das Töten und der Frauenraub vielleicht eine biologische Überlebensfunktion gehabt haben mochten. Doch die Zivilisation hatte den Mord und die Schändung seit vielen Jahrtausenden tabuisiert und bei Strafe des Lebens verboten. Aber diese Verbote waren für die 18-jährigen Kolchosbauern aus den Tiefen Asiens, Sieger in einem Krieg von urzeitlicher Grausamkeit und Härte, aufgehoben worden – von der sowjetrussischen Führung selbst, jedenfalls von vielen Offizieren der Truppe.

Bericht einer Überlebenden, die mit anderen Frauen zusammen in einem geschlossenen Raum eingesperrt und tagelang vergewaltigt wurde:

»Diese Vergewaltigungen wiederholten sich täglich zweimal, jedesmal mehrere Soldaten, bis zum siebenten Tag.

Dieser siebente Tag war mein schrecklichster Tag, ich wurde abends geholt und morgens entlassen. Ich wurde am Geschlecht ganz aufgerissen und hatte ein armstarkes Geschwulst vom Geschlechtsteil an beiden Oberschenkeln bis an die Knie. Ich konnte nicht mehr laufen und nicht mehr liegen. Dann folgten noch drei dieser schrecklichen Tage. Dann waren wir nach Ansicht der russischen Soldaten fertig und wurden nackt aus diesem Höllenraum herausgejagt. Andere Frauen traten an unsere Stelle. Diese Scheußlichkeiten wurden im Beisein von zehn Frauen und oft auch im Beisein der eigenen Kinder durchgeführt.«[71]

Eine andere Szene schildert der Schriftsteller Hans Graf von Lehndorff in seinem »Ostpreußischen Tagebuch«[72], der das Folgende als Kind miterlebte:

»Bald hatte keine der Frauen mehr Kraft zum Widerstand. Innerhalb weniger Stunden ging eine Veränderung mit ihnen vor sich, ihre Seele starb, man hörte hysterisches Gelächter, das die Russen nur noch wilder machte. Kann man überhaupt von diesen Dingen schreiben, den furchtbarsten, die es unter Menschen gibt?«

Alexander Solschenizyn, beim Einmarsch in Allenstein Hauptmann der Roten Armee, schreibt, dass nach drei Wochen jedermann im Heer Bescheid wusste, dass, wenn die Mädchen, auf die man traf, Deutsche waren, »jeder sie hätte vergewaltigen und danach erschießen können, und es hätte fast als kriegerische Tat gegolten«.

In seiner Versdichtung »Ostpreußische Nächte« schrieb Solschenizyn über seinen Aufenthalt im ostpreußischen Neidenburg:

Zweiundzwanzig, Höringstraße.
Noch kein Brand, doch wüst, geplündert.
Durch die Wand gedämpft – ein Stöhnen:
Lebend find ich noch die Mutter.
Waren's viel auf der Matratze?

Kompanie? Ein Zug? Was macht es!
Tochter – Kind noch, gleich getötet.
Alles schlicht nach der Parole:
NICHTS VERGESSEN! NICHTS VERZEIH'N!
BLUT FÜR BLUT! Und Zahn für Zahn.
Wer noch Jungfrau, wird zum Weibe,
und die Weiber – Leichen bald.
Schon vernebelt, Augen blutig,
bittet: »Töte mich, Soldat!«

Wegen seines Einsatzes für die geschändeten Frauen wurde Solchenizyn später verhaftet und in den Archipel Gulag verbannt.

Tausende von Frauen, die nicht mehr fliehen konnten, haben vor oder nach den Vergewaltigungen Selbstmord begangen.

Frau E. S. aus Rössel in Ostpreußen berichtet in einem 1953 aufgezeichneten Protokoll: »Etwa am 20. Februar kamen feste Verbände nach Rössel. Tag und Nacht wurde geplündert. Die Vergewaltigungen nahmen kein Ende. Viele Frauen, zum Beispiel Frau B., baten Dr. N. vom Krankenhaus um Gift. Er gab es nicht. Unter den von wüsten Männern viehisch Misshandelten befanden sich Kinder von 13 bis 14 Jahren, so die minderjährige Tochter von W. F. und die 13-jährige Tochter von Kaufmann V. M. Meine Freundin E. W. wurde von russischen Soldaten zu ihrer Mutter gebracht, sie konnte vor Schwäche nicht mehr gehen und war lange krank. Ein Mädchen aus der Siedlung konnte die Vergewaltigungen nicht mehr ertragen, nahm Essigessenz und starb unter furchtbaren Schmerzen. Ein anderes Mädchen hängte sich aus demselben Grund auf, eine Flüchtlingsfrau ebenfalls.«[73]

Nach vorsichtigen Schätzungen sind im Osten Deutschlands mindestens zwei Millionen Mädchen und Frauen von Rotarmisten vergewaltigt worden – die meisten über einen längeren Zeitraum hinweg.

Die vom damaligen Bundesministerium für Vertriebene ab 1952 gesammelten Aussagen füllen heute im Bundesarchiv einen Aktenbestand von 88 laufenden Metern. Sie sind in einer neuen Dokumentation von 1989 von der »Kulturstiftung der deutschen Vertriebenen« herausgebracht worden.[74]

Darin wird nicht nur von den Grausamkeiten und Gewaltverbrechen berichtet. Manchmal auch von freundlichen Russen, die kleine Kindern mit erbeuteten Bonbons fütterten und ihnen Kinderlieder vorsangen. Vor allem wenn sie getrunken hatten. Und sie waren immer betrunken. Im angetrunkenen Zustand, hörte man, seien die Russen oft sentimental und sehr kinderlieb, und dann sangen sie gerne Volkslieder, und wenn noch ein Instrument im Haus war, tanzten sie und luden alle zum Mittrinken ein – vielleicht nach der obligatorischen Vergewaltigung der Nachbarstochter.

Nicht nur unsere Schwestern und Mütter und meine eigene Großmutter mütterlicherseits, vergewaltigt mit 62 Jahren, haben das erzählt, auch Zehntausende von anderen Opfern haben das bei der Befragung durch das Vertriebenenministerium zu Protokoll gegeben. Bestätigt hat es auch ein Führungsoffizier der Roten Armee, der in Ostpreußen dabei war, Lew Kopelew[75]. Er hat sogar ein Buch darüber geschrieben. »Aufbewahren für alle Zeit« wollte er diese Erinnerungen. Er versuchte als sowjetischer Offizier, in einigen Fällen sogar mit der Waffe in der Hand, ostpreußische Frauen vor dem Äußersten zu bewahren, und wurde darauf wegen unangebrachten »Mitleids mit dem Feind« degradiert und für mehrere Jahre nach Sibirien verbannt.

War der Terror, der seit der Grande Terreur der Französischen Revolution zu einem Kampfmittel der Weltveränderer gehört, auch hier vielleicht von der sowjetischen Führung bewusst eingesetzt? Um die deutschen Soldaten zu entmutigen und die Bevölkerung zu einer chaotischen Massenflucht zu bewegen? Flugblätter wie die eben zitierten

und Tagesbefehle wie dieser des Marschalls Tschernjakows-
ki zum Beginn der Großoffensive am 12. Januar 1945 lassen
das möglich erscheinen:

»Nun stehen wir vor der Höhle, aus der heraus die fa-
schistischen Angreifer uns überfallen haben. Wir bleiben
erst stehen, nachdem wir sie gesäubert haben. Gnade gibt es
nicht – für niemanden, wie es auch keine Gnade für uns gegeben hat. Es ist unnötig, von Soldaten der Roten Armee zu
fordern, dass Gnade geübt wird. Sie lodern vor Hass und
Rachsucht. Das Land der Faschisten muss zur Wüste werden …«

38.
Hoffentlich trifft es uns nicht.
Die Flüchtlinge in Danzig

Nemmersdorf war ein Signal. Die Menschen im Osten waren aufgescheucht, die ersten Trecks aus den Grenzkreisen Ebenrode, Schlossberg, Goldap und Gumbinnen setzten sich in Bewegung, noch gut organisiert, mit Pferdewagen und Schlitten, mit Vieh und Futter. In den Dezemberwochen zogen diese Trecks durch Danzig, sie wurden auf Nebenstraßen umgeleitet und in Schulen und Turnhallen untergebracht, aber die Danziger Bevölkerung, aufgerufen von der NSV, dem staatlichen Wohlfahrtsverband[76], brachte Decken, warme Sachen und alles, was man übrig hatte, verpflegt wurden die Ostpreußen in Großküchen.

Sie traten öffentlich kaum in Erscheinung, erinnere ich mich, sollten sie wohl auch nicht, man wollte wahrscheinlich Panik und Angst vermeiden, aber viele Familien luden Flüchtlinge am Heiligen Abend zu sich ein zur Weihnachtsfeier, die Kinder schenkten den kleineren Flüchtlingskindern ihre abgelegten Spielsachen, Puppen und Bilderbücher und Bauklötze und Pappmachésoldaten mit Handgranaten und Pakkanonen, Feldküche und Rotkreuzwagen. Die armen Kinder, dachten die Danziger Mütter, Weihnachten nicht zu Hause, bloß nicht daran denken, dass man selbst eines Tages auch Flüchtling sein könnte. Unmöglich. Aber immer noch besser als bei den Russen. Und die konnten ja sicher nicht ewig durchhalten, bei den schweren Verlusten, von denen täglich im Wehrmachtsbericht die Rede war.

Man gab den Flüchtlingen von den Pfefferkuchen aus Roggenmehl und Sirup, die man gebacken hatte, und von dem Ersatzmarzipan »Persipan«, das es auf Sonderabschnitte der rosa Kuchenkarte gegeben hatte. Oder einen Apfel oder ein paar Nüsse. Kriegsweihnachten. Wenigstens warm haben wir es, sagten die Danziger Frauen. Die Keller hatten

Kohle und Koks für den Winter bekommen. Noch ein Kriegsweihnachten wird es ja wohl nicht geben. Muss ja mal Frieden kommen, sagte meine Mutter. Das hatte sie übrigens schon Weihnachten 1939 gesagt. Das hofften alle. Die Kirchen waren übervoll am Heiligabend.

So sah es bei uns in Danzig aus, im Inneren der »Höhle, in die sich das faschistische Tier verkrochen hatte«, bei den Deutschen, die keine Menschen waren nach Ehrenburg, die eine Fehlentwicklung der Evolution waren nach Harvard-Professor E. A. Hooton und über die Henry Morgenthau jun. sich erst in zweiter Linie Sorgen machen wollte, wenn 30 Millionen von ihnen durch seinen Plan dem Hungertod preisgegeben sein würden, wie er in seinem Tagebuch schrieb.[77]

Die meisten Menschen in Ostpreußen und Danzig glaubten aber Weihnachten 1944 immer noch, selbst verschont zu werden. Auch die Flüchtlinge. Für keinen war der Treck ein Abschied auf immer. Waren nicht die Russen im Gegenangriff bei Nemmersdorf wieder zurückgeworfen worden? Hatte nicht auch Hindenburg einst die Russen bei Tannenberg geschlagen und die Zarenarmee für immer aus Deutschland vertrieben?

Doch das war 1914 gewesen. Jetzt standen drei neue Jahrgänge eines Landes von 250 Millionen Einwohnern bereit, das »faschistische Tier in seiner Höhle« aufzusuchen, zwei Millionen hart ausgebildeter, einfach, aber ausreichend ernährter und durch die Lehre vom *Großen Vaterländischen Krieg* gut motivierter Jungen im besten Alter zwischen 18 und 22, zusammen mit den kampferprobten Älteren, die die mörderischen Schlachten überlebt hatten, ausgerüstet mit den damals modernsten Waffensystemen wie den Stalinorgeln, den Raketenwerfern des Typs Katiuscha, dem unverwüstlich zweckmäßigen T 34 und den neuen schweren Panzern des Typs »Josef Stalin«, produziert in bombensicheren, für jedes Flugzeug unerreichbaren Rüstungsfabriken jenseits des Urals und in den USA, versorgt mit schier unerschöpflichem Nachschub an Rohstoffen und Treibstoff. Und ebenso versorgt mit einem großen Sortiment aller erdenklichen Nutzgüter für die Armee von der Stiefelsohle bis zum Mannschaftswagen. Und der Transport – eine bewundernswerte logistische Leistung, dieser Beitrag der USA für den Endsieg über Hitler, fast so effizient wie der spätere Marshall-Plan zum Wiederaufbau Deutschlands. Rendite brachte beides.

Nicht dass die Mächte der Anti-Hitler-Koalition im Mai 1945 schließlich siegten, sondern dass es am Ende so lange gedauert hat und so vieler, besonders russischer Todesopfer bedurfte, die rudimentären Reste der deutschen Armeen und ein paar ausgemergelte Volkssturmmänner und Kinder zu besiegen, war das Erstaunliche in dieser Schlussphase des Krieges. Wer das Phänomen dieses verbissenen Widerstands deutscher Soldaten im Osten verstehen will, muss sich die Bilder von Nemmersdorf und anderer Ortschaften vor Augen halten, die keine Goebbelspropaganda sich drastischer hätte ausdenken können.

Denn was in Nemmersdorf passiert war, wiederholte sich nach Beginn der russischen Offensive am 12. Januar in zahlreichen anderen Orten Ostpreußens, Pommerns, Mecklenburgs und Schlesiens. So in Metgethen, einem Villenvorort von Königsberg. Dort wurden 32 Zivilisten auf einem Tennisplatz zusammengetrieben und durch eine ferngezündete Mine in die Luft gesprengt.

39.
War der russische Terror
ein taktisches Mittel der Kriegführung?

Es scheint im Nachhinein, dass der Terror und die durch
ihn erzeugte Panik der Flüchtlinge von der sowjetischen
Heeresleitung auch als ein Mittel der Kriegführung eingesetzt wurde. Es gibt freilich darüber (noch) keine Dokumente, aber die Praxis war so, die in aller Hast zu Zehntau-
senden fliehenden Menschen verstopften die Straßen,
verbreiteten Angst und Schrecken in den Ortschaften,
durch die sie hindurchzogen, jede Hoffnung auf eine Wen-
dung des Krieges schwand und damit auf eine Wiederkehr
in die Heimatorte, die noch die ersten Trecks aus den
Grenzregionen beherrscht hatte. In vielen Kreisen gab es
jetzt keine organisierte Evakuierung mehr, sondern eine
ziellose, panikartige Flucht. Auch das gehörte zum Kalkül
der sowjetischen Militärs. Im Grunde arbeitete ihnen
Goebbels mit seiner Gräuelpropaganda jetzt direkt in die
Hände, die Russen waren *genauso* barbarisch, wie Goebbels
sie darstellte, und genau diesen Schrecken sollten sie auch
verbreiten.

Am 12. Januar 1945 hatte die Großoffensive der Sowjets
begonnen, zu der Stalin die größte Streitmacht in der Mi-
litärgeschichte zusammengezogen hatte. Allein die beiden
Hauptarmeen der Marschälle Schukow und Konjew traten
mit 2,2 Millionen Soldaten, 6000 Panzern und knapp 5000
Flugzeugen an. Bereits nach einer Woche war die gesamte
Heeresgruppe A zerschlagen. Der Weg war frei.

40.
Flucht über das zugefrorene Haff

Ostpreußen war abgeschnitten. Ab 22. Januar war bereits
der Zugverkehr zum übrigen Deutschland gesperrt, am
26. Januar war ganz Ostpreußen bis Elbing abgeschnürt, es
gab nur noch einen einzigen Weg, der offen war, der über
das zugefrorene »Frische Haff«, ein nur wenige Meter tiefes
Gewässer, das durch einen schmalen, bewaldeten Land-
streifen von der offenen Ostsee getrennt wird, die »Frische
Nehrung«. Eine einzige schmale Straße führte auf der Nehrung zur Danziger Bucht, wo sich bereits Hundertausende
von Flüchtlingen gesammelt hatten, die von dort oder von
der gegenüberliegenden Halbinsel Hela aus auf einen
Schiffstransport in den Westen hofften. Die schmale Neh-
rungsstraße war für den Militärverkehr reserviert und hoffnungslos überfüllt, die Flüchtlingswagen fuhren, so lange es
ging, auf gekennzeichneten Wegen auf dem Haff, dessen
Eisstärke unterschiedlich dick war, in Richtung Danzig.
Immer in Gefahr, an dünnen Stellen einzubrechen und alles
zu verlieren, die mitgebrachte Habe und die Essenvorräte
oder hilflos ganz liegen zu bleiben.

Unbeschreibliche Szenen spielten sich auf den vereisten,
notdürftig gekennzeichneten Wegen ab. Es gab auch hier
noch eine gewisse Organisation, selbst in diesem scheinbar
ganz chaotischen, endlosen Zug. 14-jährige Jungen oder
ganz alte Bauern aus den Nehrungsdörfern hatten die
befahrbaren Stellen gekennzeichnet und die gefährlichen
Stellen markiert, durch Kiefernzweige aus dem Nehrungs-
wald. Manchmal war alles vergeblich, ein Rad- oder Achsenbruch bedeutete für viele Familien jetzt schon das Ende,
wenn nicht andere Familien die Hilflosen noch in ihre eigenen überfüllten Wagen gezwängt hätten. Da die meisten
halbwegs gesunden alten Männer und Jungen beim »Volkssturm« waren, bestanden die Trecks fast ausschließlich aus

Frauen und Kindern – und kriegsgefangenen Franzosen und Belgiern, die in den Dörfern auf den Bauernhöfen gearbeitet hatten, meist schon vier Jahre lang. Auch sie waren mit den deutschen Trecks gezogen, um nicht den Russen in die Hände zu fallen.

Nach wenigen Tagen wurde das Eis des Haffs brüchig und die Wagen und Menschen mussten durch 25 Zentimeter hohes Wasser hindurchwaten, das auf der Eisfläche schwamm, immer darauf bedacht, verborgene Lücken im Eis, die nur oberflächlich überfroren waren, zu entdecken und ihnen auszuweichen.

Doch das war noch nicht das Ende der albtraumhaften Flucht über das unregelmäßig zugefrorene Wasser des Haffs. Die resoluten ostpreußischen Bauersfrauen, die zum Teil schon fünf Jahre lang ohne Männer ihre Höfe bewirtschafteten, unterstützt von den Kriegsgefangenen, mit denen sie meist gut ausgekommen waren, aber auch die Stadtfrauen, die Arbeiterinnen aus Königsberg und den anderen Städten, die waren schon nicht so leicht in Panik zu versetzen und blieben auch noch auf dem Treck gelassen. Einige Kinder wurden sogar auf den Planwagen geboren. Jammern taten sie schon, Ähbahmung, mein Gottchen. Schlimmer kann es nich mehr kommen. Doch wirklich schlimm wurde es, wenn die Planwagen einen Achsenbruch hatten oder im brüchigen Eis einbrachen und aufgegeben werden mussten, mit allem.

Angst und die Panik unter den endlosen Kolonnen von Frauen und Kindern konnten ausbrechen, wenn sowjetische Tiefflieger die Flüchtlingstrecks beschossen und mit gezielten Bombenwürfen das dünn gewordene Eis über dem Haff aufbrachen und riesige Löcher ins Eis rissen, in denen die Fuhrwerke der Flüchtlinge versanken und untergingen. Eine Bauersfrau aus Großroden, Kreis Tilsit, schilderte später, wie ihr Treck von Tieffliegern angegriffen wurde:

»Die Bomben schlugen Löcher ins Eis und ganze Reihen von Wagen gingen unter. Wir hatten keinen Lebensmut mehr und warteten auf den Tod ... Als dieser Angriff beendet war, sind wir Überlebenden weitergefahren.«[78]

Wer die Straße auf der Nehrung zwischen dem Meer und dem Haff erreicht hatte, war gerettet, aber die Straße auf der Nehrung war so schmal, dass zwei Wagen nur knapp nebeneinander Platz hatten. Wenn ein Wagen liegen blieb, gab es einen Stau, der stundenlang dauerte, oft kam die Flüchtlingskolonne nur drei oder fünf Kilometer am Tag voran, und in die Trecks schossen immer wieder die Tiefflieger mit ihren schweren MGs, aber diejenigen, die die Straße erreicht hatten, konnten sich glücklich preisen, ein Drittel der Wagen war auf dem Eis liegen geblieben oder versunken, ein weiteres Drittel blieb auf der Nehrung liegen.

Die Überlebenden drängten sich nun zu Hunderttausenden in der Danziger Bucht zusammen in der Hoffnung auf einen Abtransport in den Westen. Anfangs mit der Bahn und dann nur noch auf Schiffen.

41.
Die Flucht über die Ostsee.
Die Katastrophe der »Wilhelm Gustloff«

Am 25. Januar 1945 fuhr ich zusammen mit meinem Freund Georg Gottke mit allen tausend anderen Sechszehnjährigen, die man in Danzig auf der Straße aufgegriffen hatte, mit einem Güterzug aus der Stadt. Es war einer der letzten Züge, die noch aus Danzig in Richtung Westen fahren konnten, auf Umwegen. Der Zug fuhr drei unendlich sich hinziehende Tage und Nächte auf vielen Umwegen und kleinen Nebenstrecken in den Westen, immer an der pommerschen Küste entlang, auf den Hauptstrecken war schon »der Russe«.

Über den Güterzug als Transportmittel wunderte sich damals keiner mehr. Es war ein Transport, wie man ihn immer in den Filmen über die deportierten Juden sieht. Er fuhr nur nicht nach Auschwitz, sondern nach Schleswig-Holstein. Jeder Waggon war mit mindestens 60 Jugendlichen mehr als dreimal überbelegt, man schlief in drei Schichten übereinander (!), unten lag etwas Stroh, das die Stärksten unter sich aufgeteilt hatten. Vorne stand ein Kübel für die Notdurft, der jeden Abend und morgens geleert werden musste. Die Türen des Güterwaggons standen noch leicht offen, als wir am Danziger Hauptbahnhof abfuhren, draußen standen unsere Mütter und winkten. Und wir sangen ein Lied, spontan, niemand hatte den Befehl zum Singen gegeben, ein altes Matrosenlied, das 1945 ganz plötzlich unter den Marinehelfern und jungen Flakhelfern verbreitet war und häufig gesungen wurde:

> »Ja, wenn die roten Rosen blüh'n
> und alles ist vorbei, ja, ist vorbei,
> dann werden wir uns wieder seh'n.
> Leb wohl, mein Schatz. Ahoi.«

Der ganze Jahrgang 1928 wurde aus dem Osten abgezogen. Andere meines Alters wurden um die gleiche Zeit aus dem Sudetenland in eines der Lager des RAD[79] im Altreich gebracht, wo die Sechzehnjährigen militärisch ausgebildet werden sollten. Im ganzen Land wurden die gleichen Lieder gesungen. *Und alles ist vorbei* – das war ein sehr beliebtes Lied im letzten Kriegsjahr. Es gab regelrechte Moden oder Vorlieben bei den Soldatenliedern. *Vom Nordkap bis nach Afrika, vorwärts!* – das war vorbei. Nun sollte möglichst bald alles vorbei sein.

Meine Mutter, die mit meinen zwei kleinen Geschwistern Karten für die *Wilhelm Gustloff* zugeteilt bekommen hatte, aber Angst vor Schiffsreisen hatte, kam mit dem allerletzten Transport aus der völlig unzerstörten historischen Altstadt Danzig heraus, die erst *nach* dem Einmarsch von den Russen in Brand geschossen wurde, was die neuen, polnischen Bewohner der Stadt, die sich nun Gdansk nennt, den Russen heute noch nachtragen. Am 30. Januar 1945 fuhr meine Mutter mit meinen Geschwister mit dem letzten Zug aus der Stadt. An diesem Tag versank die »Wilhelm Gustloff«, deren Kapitän die volle Schiffsbeleuchtung angeordnet hatte, um Kollisionen zu vermeiden, von drei Torpedos des sowjetischen U-Boots S 13 getroffen, innerhalb von 50 Minuten mit ungefähr 9000 Flüchtlingen an Bord in den eisigen Fluten der Ostsee, darunter auch die Frau, der meine Mutter ihre Schiffkarten überlassen hatte, mit ihren drei Kindern.

Von den mehr als 10.000 Menschen an Bord[80] – die letzten Flüchtlinge wurden gar nicht mehr registriert, darunter auch 162 Verwundete und 918 junge Marinesoldaten und eine U-Boot-Ausbildungseinheit – wurden von Minensuchbooten und anderen kleinen Schiffen 1239 Menschen gerettet. Fast ein Wunder.

Überlebende, von denen einige wenige noch in Guido Knopps Fernsehsendung auftreten konnten, berichten als Augenzeugen über die unbeschreiblichen Zustände während der Schiffskatastrophe, die weitaus verheerender war als die des Luxusdampfers *Titanic*. Die Passagiere der »Gustloff« hatten weit weniger Überlebenschancen. Es gab kaum Rettungsboote. Die »Wilhelm Gustloff«, für 1500 Passagiere ausgelegt, war mit mehr als 6000 hoffnungslos überbelegt, von denen die meisten völlig entkräftete Flüchtlinge waren, die wochenlang unterwegs gewesen waren. Auch die Verwundeten hatten keine Chance. So nimmt es nicht wunder, dass die meisten Überlebenden Matrosen des Schiffes, Männer einer Ausbildungseinheit und junge »Marinehelferinnen« waren, von denen sich 347 an Bord des ehemaligen Luxusdampfers für die verdienten Parteimitglieder befanden.[81]

Der russische Kommandant, von dessen Mannschaft die ZDF-Rechercheure tatsächlich noch einen Maat, *Alexej Astrachow*, ausfindig gemacht hatten, war sich nicht so sicher, ob er die »Gustloff« mit den Flüchtlingen an Bord torpedieren durfte, aber er hatte keine Wahl: Diese Fahrt war ein Bewährungsauftrag für den Kommandanten, seine letzte Chance. Er war, statt termingerecht seine Feindfahrt anzutreten, auf einer ausgedehnten Zechtour versackt und erst durch die Militärpolizei wieder aufgegriffen worden. Normalerweise hätte das eine Aburteilung als Deserteur oder Spion bedeuten können, aber auch in der Sowjetunion wurde jeder hoch qualifizierte Kapitän gebraucht. Da er mit 32 Jahren ein erfahrener U-Boot-Kommandant und bei seiner Mannschaft sehr beliebt war, hatte man ihm eine letzte Chance gegeben.

An diesem Abend war er seit fast 20 Tagen unterwegs, ohne einen Erfolg erzielt zu haben, hatte in der Ostsee auf der Lauer gelegen und freute sich unbändig, endlich ein Ziel – und was für ein Ziel! Ein so großes Schiff (21.131 BRT) – für seine Torpedos gefunden zu haben. Die volle Außenbeleuchtung des Passagierschiffs kann ihm schwerlich entgangen sein. Wahrscheinlich hätte es ihn nicht gestört, dass auf dem Schiff Verwundete waren.

Eine gute Woche später war ihm das Jagdglück noch einmal hold, es gelang ihm, mit zwei weiteren Torpedos auch die von dem Königsberger Hafen Pillau kommende »Steuben« mit weiteren 2000 Flüchtlingen und 2500 Schwerverwundeten an Bord zu versenken, auch hier wurden nur 600 gerettet. So hatte der durch seine Sauftour in Verruf geratene Korvettenkapitän Alexander Marinesco nicht weniger als ungefähr 13.200 Mensachen aus dem Leben befördert. Sein Schiffsmaat Astrachow beteuerte denn auch vor den ZDF-Kameras: »Als wir erfuhren, dass so viele Menschen ertrunken waren, hatten wir großes Mitleid mit ihnen. Das waren doch lebendige Menschen gewesen! Sie hatten keine andere Wahl, genauso wie wir. Wenn wir uns geweigert hätten, wären wir an die Wand gestellt worden.«[82]

Kapitän Marinesco wurde für die beiden Abschüsse der »Orden der Roten Fahne« verliehen, eine nicht besonders begehrte Auszeichnung, aber den Ehrentitel »Held der Sowjetunion«, den er vielleicht erwartet hatte, erhielt er nicht, vielleicht war man sich sogar in der sowjetischen Admiralität nicht so sicher, ob die Tötung der Flüchtlinge der »Gustloff« eine wirkliche Heldentat gewesen war. Nachdem er verbittert schon 1946 die Marine verlassen hatte, wurde er für einen längeren Zeitraum nach *Sibirien* verbannt und erst nach seinem Tod rehabilitiert.

Im Westen gilt die Versenkung der »Wilhelm Gustloff« ebenso wie der unbeschränkte Bombenkrieg der Alliierten gegen deutschen Städte bisher als ungesühntes Kriegsverbrechen. Aber einige Augenzeugen in Guido Knopps Fernsehdokumentation, hierin ganz Musterschüler der Reeducation, beeilen sich, zu versichern, dass die Versenkung des Flüchtlingsschiffs »kein Kriegsverbrechen« im engeren Sinne war. Selbst ein Überlebender, der als Siebenjähriger durch Zufall die Katastrophe überlebte, während seine Mutter und Schwester in dem eisigen Wasser versanken, legte einen Beweis für die bei ihm besonders erfolgreiche Umerziehung ab und suchte noch im Jahre 2001 Entlastungsgründe für die Tötung von Frauen und Kindern:

»Es war kein Kriegsverbrechen. Wir sind *anfangs* abge-
dunkelt gefahren, hatten Geschütze an Bord und es waren
Soldaten auf dem Schiff.« Da brachte einer Verständnis für
diejenigen auf, die ihn um ein Haar, wie seine Mutter und
Schwester, ums Leben gebracht hatten, aus keinem anderen
Grund, als dass er Deutscher war. Es sei schließlich Krieg
gewesen, und das Schiff sei nicht ausdrücklich als Lazarett-
schiff angemeldet gewesen, meinte er. Was der beflissene
deutsche Gutmensch nicht zu wissen schien, war die Tatsache, dass die Sowjets die üblichen Anmeldungen von Schiffen als Lazarettschiffe ohnehin nicht anerkannten.[83]

Von den etwa 9000 im Meer mit der »Gustloff« in der
Ostsee Versunkenen waren mit großer Wahrscheinlichkeit
weit über die Hälfte Kinder.

Trotz diesen beiden furchtbaren Schiffskatastrophen hat
die Großaktion zur See aus den Häfen Pillau bei Königsberg, den Häfen der Danziger Bucht und der Halbinsel
Hela, später der Häfen Kolberg und Stettin eine Unzahl
von Menschen vor dem Zugriff der Roten Armee gerettet.
Bereits Ende März waren es 1.256.641. Im April wurden
noch einmal 1.777.201 Flüchtlinge und Verwundete durch
Schiffe aller Größenordnungen, bis zum kleinsten Schiffs-
kutter und Fischdampfer, gerettet. Ja sogar nach der Teil-
kapitulation im Westen am 5. Mai rettete die Kriegsmarine,
übrigens mit Billigung des alliierten Oberkommandieren-
den, Feldmarschall Montgomery, bis zur endgültigen Kapitulation, also bis zum Morgen des 9. Mai 1945, 0.00 Uhr, der
Stunde, an der alle Bewegungen zu Lande und zu Wasser
aufzuhören hatten, noch einmal Zehntausende von Menschen in den Westen. Insgesamt wurden fast drei Millionen
Menschen in den Westen evakuiert. Dass das ihre Rettung
war, ahnten die Flüchtlinge. Trotz der Goebbelspropaganda
gegen England und die USA und trotz der Berichte über die
alliierten Flächenbombardements auf Wohnviertel. Bloß
nicht bei den Russen landen. Sie wussten nicht viel über das
Schicksal ihrer zurückgebliebenen Landsleute, aber das

wenige, was sie jetzt schon erfuhren, war schlimm genug, um sie so weit wie möglich in den Westen zu treiben.

Die im Osten täglich stattfindenden Ausschreitungen der Roten Armee sprachen sich erst langsam und gerüchteweise in Deutschland herum, und auch die westlichen Zeitungen und Rundfunkstationen waren nur sehr bruchstückhaft über die Zustände im sowjetischen Machtbereich informiert oder unterdrückten die Meldungen über die Ereignisse, die in ihrem vollen Umfang erst heute erkennbar werden.

42.
Danzig nach dem Einmarsch
der Russen

Die Stadt Danzig, aus der meine Mutter und viele der Einwohner mit den letzten Zügen oder mit Schiffen geflohen waren, war gleichwohl randvoll mit Flüchtlingen aus Ostpreußen und Verwundetentransporten. Die Gesamtzahl der Deutschen, die sich im März in Danzig aufhielten, dürfte fast eine Million betragen haben. Am Morgen des 27. März drangen russische Truppen in die Stadt ein. Die Verteidigung war nur an einigen Stellen sehr heftig, sodass die alte Hansestadt im Wesentlichen noch gut erhalten war, als die ersten Russen einsickerten.

Viele, besonders alte Leute, waren noch in der Stadt geblieben, nachdem sie von dem Untergang der »Wilhelm Gustloff« gehört hatten. Manche hatten noch ihren alten Danziger Pass aufgehoben und gaben sich der Illusion hin, dass der Status ihrer Stadt als vom Völkerbund geschützter Freistaat respektiert würde.

Auch meine Großeltern konnten sich von ihren Häusern in der Altstadt und ihrem Korbmachergeschäft nicht trennen und hatten sich nicht bewegen lassen, in einem der letzten Züge mitzufahren – mein Großvater war 60 Jahre alt. Er hatte sich geweigert, mit in den Westen zu fliehen. »Ich hab ja nuscht ausjefrässen«, sagte er auf Danzigerisch, »war nicht in der Partei und nichts. Mir altem Mann werden sie ja nichts tun.« Aber er war Luftschutzwart gewesen, in einem Haus, in dem sonst keiner wohnte, einem dieser schmalen Altstadthäuser in der Innenstadt, es gab niemand anderen, der Luftschutzwart hätte sein können. So kam er ins Lager. Dort ist er später wegen Entkräftung zusammengebrochen und wurde von den Russen mit einem Spaten erschlagen. Ein Mithäftling hat es meiner Großmutter erzählt. Sie bekam einen kleinen Zettel von der Kommandantur, sehr viel später, als die Polen schon die Verwaltung von Danzig übernommen hatten. Todesursache: Tuberkulose.

Sie selbst, 62 Jahre alt, wurde *nur* vergewaltigt, immer wieder. Wie so viele der Frauen und Mädchen der Stadt. Wie Klara Seidler.

Bericht über den ersten Tag der russischen Besetzung in Danzig:[84] »Hier im Keller waren zirka 2000 Frauen und Kinder und alte Leute untergebracht. Ein trübes Licht brannte, die Luft war trotz der Entlüftung zum Ersticken. Die dauernden Einschläge brachten uns dem Wahnsinn nahe, aber immer wieder wurde die größte Gefahr abwendet … Wir hofften, die Russen würden es gnädig mit uns machen; aber weit gefehlt! Schon gleich ging es los. Herr Bart stand in der Tür, der erste Russe riss ihm gleich die Uhr aus der Weste. Ein Wagen, mit Teppichen ausgelegt, fuhr bis knapp vor die Tür, vier russische Offiziere stiegen aus und verlangten von uns zu trinken, aber nur Wasser; Kaffee oder Tee lehnten sie ab aus Angst vor Gift. Sie waren höflich und freundlich und teilten auch Zigaretten aus. Herr Bart saß dauernd am Klavier und spielte mit bebenden Händen alles Russische, was ihm einfiel, aber das war vor Angst sehr wenig. Wir nähten Knöpfe an, stopften Risse an der Uniform, während die Offiziere ruhten. Das war unser Schutz, die Soldaten, die plündern wollten, verschwanden beim Anblick der Offiziere. Bei Dunkelheit fuhren die Offiziere fort und nun waren wir geliefert.

In Rotten von fünf bis zehn Mann kamen jetzt die Soldaten, um zu plündern und zu schänden. Nun ging es nur »Uri, Uri« und »Frau, komm«. Wir saßen bei einer Kerze zusammen. Ich hatte Binge Bart, ein strammes Mädel von 13 Jahren, auf dem Schoß, hatte ihr die Haare in steife Zöpfe geflochten und ihr angesagt, recht kindisch zu tun. Das schützte mich etwas. Frau F., eine große Blondine, musste dem Ruf unter Püffen folgen und musste sich von sechs Soldaten missbrauchen lassen. Wir krochen zu sechs Personen in die zwei Betten und zitterten und bebten. Aber erst, als neuer Beschuss auf die Altstadt eintrat, hatten wir ein paar Stunden Ruhe. Wir liefen nun mit brennenden Sohlen und suchten Unterkunft. Nirgends ein Fleckchen für uns. Überall Vernichtung und Feuer. Stundenlang irrten wir umher in dem Grauen. Schließlich fanden wir in der Häkergasse neben einem großen Abwehrgeschütz noch zwei Häuser, wo wir uns verkrochen. Aber unser Elend wurde noch größer. Die zweite Garnitur Russen war jetzt losgelassen, keine Frau wurde verschont. Vor den Augen der Männer, die mit der Maschinenpistole in Schach gehalten wurden, wurden die Frauen vergewaltigt. Wir versteckten uns, sie fanden uns doch. Ein vielleicht Achtzehn-, Neunzehnjähriger hatte es auf mich abgesehen. Mit einer Flasche Wein bewaffnet, zwang er mich in eine Telefonzelle. Ich sagte: »Alte Großmama ganz schrumplig.« Nun rief er immer: »Großmama muss …«

Eine junge Frau mit drei kleinen Kindern wollte noch schnell im Keller nebenbei verschwinden, als die Horde sie überwältigte. Die Kinder riefen: »Mutti, Muttilein!« Da nahm der eine Russe die Kinder und schlug sie an die Mauer. Das Knirschen vergesse ich mein Leben lang nicht. Dann nahm er sich als Nächstes die Frau vor. Sie kroch nachher in die Mottlau, denn gehen, aufrecht halten konnte sie sich nicht mehr …«

43.
Das Soll übererfüllt.
Der Bombenangriff auf Swinemünde

Von der Halbinsel Hela vor Danzig gingen bis zum Kriegsende Schiffe mit Flüchtlingen in den Westen. Aber auch im Westen, im Einzugsbereich der englischen und amerikanischen Luftwaffe, waren die Flüchtlingsschiffe in diesen letzten Monaten des Krieges noch keineswegs sicher. Sie wurden bombardiert oder Opfer der zahllosen aus der Luft abgeworfenen Seeminen.

Die westlichen Alliierten hatten schon bei dem Vernichtungsangriff auf Dresden gezeigt, dass sie ihre Bündnisverpflichtungen gegenüber den Sowjetrussen am liebsten ohne eigene Verluste, also aus der Luft, erfüllten, dann aber, wenn möglich, sogar übererfüllten, und sie schienen nun den Nachweis erbringen zu wollen, dass sie sich auch bei dem Kampf gegen die Flüchtlingszüge von ihren sowjetischen Verbündeten nicht übertreffen lassen wollten.

Der Krieg war in materieller Hinsicht längst schon gewonnen, als am 12. März 1945 die amerikanische Luftflotte Swinemünde angriff. Hier ankerte eine Unzahl kleinerer und großer Schiffe mit Flüchtlingen vor der Reede, die in dem völlig überfüllten Hafen nicht mehr Platz gefunden hatten. Der kleine Badeort war mit 30.000 Flüchtlingen überlaufen, die auch in den Häusern nicht mehr unterkommen konnten und zum Teil einfach in den Hausfluren saßen oder schliefen. Weitere 40.000 Flüchtlinge zogen auf die Stadt zu in der Hoffnung, von den Schiffen mitgenommen zu werden. Aber es fehlte bereits an Treibstoff, an Lebensmitteln, an Eisenbahnzügen, um die Massen weiterzuleiten, unter denen schon Typhus ausgebrochen war.

Als wenn es darum ginge, den Grausamkeiten der Sowjets wenigstens aus der Luft noch ein ebenbürtiges Massaker zur Seite zu stellen, griffen 700 Bomber der 8. amerikanischen Luftflotte die Stadt an, versenkten sieben Flüchtlingsschiffe, darunter den großen Passagierdampfer »Cordillera«, und legten die kleine Hafenstadt in Schutt und Asche, Jagdflugzeuge des überflüssig gewordenen Begleitschutzes rasten im Tiefflug über die Ausfallstraßen und feuerten in die Kolonnen der Flüchtlinge hinein. 22.000 Menschen, fast überwiegend Frauen und Kinder, wurden bei diesem Angriff getötet. Hundertausenden von weiteren Flüchtlingen gelang über die kleinen pommerschen Hafenstädte noch die Flucht in den Westen.

Alle diese Häfen wurden, wie Hela und Pillau bei Königsberg, mit großer Hartnäckigkeit und Zähigkeit verteidigt. Das Motiv der völlig erschöpften und ausgepumpten Soldaten und ihrer Offiziere, jeden Meter dieser Städte buchstäblich bis zur letzten Patrone (Königsberg kapitulierte erst am 22. März) zu verteidigen, war sicher nicht der bedingungslose Gehorsam gegenüber den Durchhalteparolen von Goebbels und Hitler und ihrer Gauleiter, sondern fast immer der Wille, so viele Frauen, Kinder und Verwundete wie nur irgend möglich auf die Schiffe zu bringen und nicht in die Hände der Russen fallen zu lassen. Die Geretteten, deren Mehrheit in wenigen Jahren im Westen Deutschlands ein neue Existenz aufbaute, dankten ihnen nicht nur das Leben, sondern auch den Vorzug, nicht noch 45 Jahre unter einem kommunistischen Zwangs- und Mangelregime leben zu müssen.

44.
Die Festung Breslau und die
Tragödie der Schlesier

Schlesien, ein Gebiet so groß wie Nordrhein-Westfalen mit 4,7 Millionen Einwohnern, war bisher wegen seiner geografischen Lage vom Luftkrieg ganz verschont geblieben und galt neben dem Sudetenland als »Luftschutzkeller« und Ruhezone des Reiches. Seine großen Städte waren bis 1944 für die alliierten Bomber kaum erreichbar, seine Hauptstadt Breslau, mit 630.000 Einwohnern, war durch die Aufnahme vieler Evakuierter aus dem Westen auf eine Million Einwohner angeschwollen, war im Februar 1945 unzerstört. Das große Industriegebiet in Oberschlesien war im Gegensatz zum Ruhrgebiet intakt geblieben.

Dass auch die Sowjets, die Schlesien mit ihren Flugzeugen durchaus erreichen konnten – sie verfügten inzwischen wieder über eine ansehnliche und schlagkräftige Luftwaffe –, die Kohlengruben und Zechen nicht bombardierten, wird noch andere Gründe gehabt haben als ihre schon erwähnte Abneigung gegen Angriffe auf Wohnviertel der Zivilbevölkerung. Möglicherweise dachten sie bereits damals daran, dass die Grenzprovinz einmal ihrem jetzigen Verbündeten und späteren Satelliten Polen zugeschlagen würde. Zumindest Oberschlesien hatte Churchill ja bereits im Dezember 1943 in Teheran den Polen zugesagt, und es verstand sich von selbst, dass die Zechen, Hochöfen und andere wertvolle Industrieanlagen erhalten bleiben müssten, die man in kurzer Zeit in Besitz zu nehmen hoffte.

Anders als die Engländer und Amerikaner, die über genügend eigene Schwerindustrie verfügten, setzten die Russen auf schnelle Eroberung, nicht Zerstörung der Anlagen.

Die sowjetische Großoffensive vom 12. Januar 1945 richtete sich daher zuerst gegen das am weitesten östlich liegende Oberschlesien und überrannte schon in den ersten Tagen die Sperrriegel der deutschen Verteidiger. Schon am 19. Januar überschritten sowjetische Truppen die Grenze zu Oberschlesien. Viele der Oberschlesier aber blieben in ihren Wohnungen, weil das Schicksal der Trecks bei einer Außentemperatur von bis zu minus 20 Grad sie schreckte, aber auch, weil viele der polnischstämmigen Familien der Industriearbeiter hofften, die Russen würden sie besser behandeln als die übrigen Deutschen. Tatsächlich wurden die Arbeiter zur Aufrechterhaltung der Förderung und der Wiederaufnahme der Stahlproduktion gebraucht. Als Ostoberschlesien Ende Januar von den Russen besetzt war, befanden sich noch eine halbe Million Deutsche im Revier.

In den Gebieten Niederschlesiens waren von 700.000 Einwohnern dagegen nur 100.000 zurückgeblieben. Hier verlief die Flucht nicht in panischer Hast, sondern ging zunächst organisiert vor sich. In Eisenbahnzügen, Omnibussen und Kraftfahrzeugen aller Art wurden die Menschen in den Westen, aber auch in das Sudetenland gebracht, wo sich bei Ende des Krieges 1,6 Millionen Schlesier befanden. Dort waren sie vorübergehend vor den Russen *und* den Bomben sicher, doch auf sie wartete eine womöglich noch schlimmere Zukunft, die erst Anfang Mai über sie hereinbrach, die Verfolgung durch die Tschechen.

45.
Die toten Puppen.
Der Fußmarsch der Breslauer Mütter

Einmalig war das Schicksal der schlesischen Metropole
Breslau. Die schöne alte Barockstadt war bis auf einen
wahrscheinlich versehentlichen russischen Luftangriff, der
zehn Tote gefordert hatte, vom Krieg gar nicht getroffen
worden. Das Leben war dort, für Kriegszeiten, fast unbe-
schwert, und deshalb hatte Breslau viele Evakuierte, vor
allem Frauen und Kinder, aus den am meisten von alliierten
Bombenangriffen betroffenen Städten aufgenommen, sodass die Einwohnerzahl der Stadt auf mehr als eine Million
angewachsen war. Noch im Frühjahr 1944 galt Breslau als
eine offene Stadt, denn einen Verteidigungsfall hatte niemand für möglich gehalten. Aber schon im August 1944
war Breslau von Hitler, wie viele andere Städte im Osten,
zur »Festung« erklärt worden und wurde von dem ehrgei-
zigen Gauleiter Hanke, einem besonders fanatischen Nationalsozialisten, der einst persönlicher Referent von Goebbels und Staatssekretär im Propagandaministerium gewesen
war, auch mit allen Mitteln zu einer Festung ausgebaut.

Hanke bereitete sich schon seit dem Oktober darauf vor,
die Stadt bis auf den letzten Stein Meter für Meter zu verteidigen, und hatte sich in den Kopf gesetzt, ausgerechnet
Breslau zu einem Fels in der anbrandenden Flut der feindlichen Armeen zu machen, zu einem Symbol des heldenhaf-
ten Widerstands, wie Leningrad und Stalingrad es für die
Russen gewesen waren. Hanke versuchte denn auch schon
ab Herbst 1944, in aller Eile die dafür völlig ungeeignete
weiträumige Großstadt tatsächlich in eine Festung zu ver-
wandeln. Panzergräben und Panzersperren wurden gebaut,
riesige Mengen Lebensmittelreserven wurden aus allen
Magazinen und Lagern Schlesiens nach Breslau gebracht,
große Viehherden in die Stadt getrieben, und am Ende wur-

den ganze Straßenzüge gesprengt, um mitten im Zentrum eine primitive Rollbahn für Flugzeuge zu bauen.

Aber während Stalingrad, wie die Geschichte lehrt, trotz furchtbarer Opfer am Ende militärisch durchaus sinnvoll Widerstand geleistet und gelitten hatte, weil das Land und seine Verbündeten genügend Reserven besaßen, um die Stadt zu entsetzen, und weil es eine ganze Armee der Deutschen monatelang gebunden und schließlich zu ihrem Grab gemacht hatte. Auch die verbissene Verteidigung der »Festungsstädte« Königsberg, Kolberg, Glogau und der Halbinsel Hela hielt die Häfen der Ostsee viele Wochen lang für die Verschiffung von Flüchtlingen frei, aber die Verteidigung der Festung Breslau band nur einen Bruchteil der russischen Millionenarmee, verzögerte kaum den schnellen Durchmarsch der Hauptmacht in Richtung Berlin.

Tatsächlich zögerte das Opfer der Zehntausende von Soldaten, Volkssturmmännern und halbwüchsigen Jungen, die in ganzen HJ-Regimentern monatelang unglaubliche und auch von den Russen bewunderte Kühnheit bewiesen und sogar zu Gegenangriffen gegen die Sowjets in der Lage waren, Bahnhöfe und Fabrikgelände zurückeroberten, letzten Endes nur die unausweichlichen Selbstmorde des Diktators und seines Propagandaministers um ein paar Wochen hinaus. Aber im Gegensatz zu dem blinden, unerschütterlichen Glauben der Verteidiger an einen Entsatz der Stadt durch die »Armee Schörner«, die nur noch ein Phantom war, oder wenigstens an den militärischen Sinn ihres Opfergangs, hatte Hitler keinen Joker mehr in der Hinterhand, keine kriegswendenden »Wunderwaffen«, auch keine Aussichten auf einen Separatfrieden, die das Opfer der historischen alten Stadt mit ihren unersetzlichen Bauwerken und Kunstschätzen in irgendeinem militärischen Sinn hätten erscheinen lassen.

So wurde der Opfergang Breslaus, abgehoben von jedem Sinnzusammenhang, zu einem besonders absurden Selbstlauf, denn Breslau kapitulierte erst eine Woche nach dem Selbstmord Hitlers.

Hanke hatte versucht, die Stadt wenn möglich ganz von Zivilisten frei zu machen. Die Berichte, auch wenn sie an dieser Stelle ganz unglaublich klingen, sprechen von etwa 100.000 Frauen mit kleinen Kindern und Säuglingen, die, mit der vagen Aussicht, 22 Kilometer vor der Stadt bei Opperau-Kanth auf Güterzüge verladen zu werden, im eisigen Schneesturm bei minus 16 Grad auf einen Marsch geschickt wurden, der für viele, besonders der Säuglinge, mit dem Tod endete. Auf dem Marsch und an den Gleisen der Güterzüge starben durch die Kälte von minus 16, andere Berichte sprechen von 20 Grad, vor allen die Säuglinge, die mit ihren Müttern in einem Extra-Transportzug fahren sollten.

Die Größenordnung des Flüchtlingszugs sprengte jeden Versuch einer Organisation. Offenbar waren auch viel zu wenig Mannschaften abgestellt, die die Verladung solcher Massen hätten kontrollieren können. Das »Rote Kreuz« und die NSV versuchten bei alldem, den Menschen zu helfen und wenigstens warme Suppe, Brot und Getränke auszugeben, um das Äußerste zu verhindern, bis der nächste Güterzug käme, der die Menschen über Gnadenfrei, Liegnitz und Görlitz weiter in den Westen bringen sollte.

An den Verladerampen der Güterzüge herrschte Panikstimmung, Kinder verloren ihre Mütter und Frauen irrten ohne jedes Gepäck umher. Hunderte in Panik und Verzweiflung weggeworfene gefrorene Kinderleichen wurden am nächsten Tag von Volkssturmmännern und BDM-Mädchen eingesammelt und abtransportiert. »Los, räumt die vielen Puppen weg«, rief ein Volkssturmmann, »der Führer darf das nicht sehen!«, und die alten Männer und die BDM-Mädchen warfen die Kinderleichen auf Lastwagen, die sie dann abtransportierten, in ein Massengrab.

Die Kunde von diesem Marsch machte natürlich in Breslau die Runde und hinderte die noch in ihren Häusern gebliebenen Frauen daran, die Stadt zu verlassen. Wer einen der Züge erwischt hatte und diesem Chaos entkommen war, gelangte dann womöglich mit einem Transport nach Dresden und glaubte sich in der völlig unzerstörten Elbmetropole endlich geborgen. Bis die Bombergeschwader von Marschall Harris die ahnungslose Stadt trafen. Am 13. Februar fanden auch 50.000 Schlesier den Tod im Inferno des brennenden Dresden oder starben am nächsten Morgen durch den Beschuss aus den Bordwaffen der Amerikaner auf den Elbwiesen.

Mitte Februar schloss sich der Ring um Breslau. Zu diesem Zeitpunkt waren immer noch 200.000 Zivilisten in der Stadt. Durch die Luftangriffe und Straßenkämpfe kamen noch einmal 40.000 von ihnen um. Am 7. Mai kapitulierte die »Festung Breslau«, sieben Tage nach Hitlers Tod.

Hanke selbst entkam mit dem Flugzeug des letzten Kommandanten von Breslau, mit dem er auf der von ihm mit so vielen Opfern gebauten Rollbahn starten konnte, einen Tag davor. Er ist seitdem verschollen.

Der Opfergang der Breslauer ist ein besonders und herausragendes Kapitel der ohnehin düsteren Geschichte Schlesiens in diesem Krieg. Das Schicksal der übrigen Einwohner der größten deutschen Ostprovinz unterschied sich nicht von dem der Menschen in Danzig, Ostpreußen und Pommern, weil die Soldaten der Roten Armee in Schlesien sich genauso verhielten wie dort. Die heute kaum nachzuvollziehende Ausdehnung und millionenhafte Vervielfachung der Gräuel potenzierte sich zu einem Ereignis von geschichtlich nie dagewesener Dimension.

Schließlich hatte eine Armee von 2,2 Millionen Sowjetsoldaten zirka 8,5 Millionen Frauen, Greise und Kinder in ihre Gewalt gebracht, von denen 1,9 Millionen durch Flucht und Vertreibung ums Leben kamen.[85]

46.
Aufschreiben für alle Zeit.
Die Dokumentation von 1952

Die massenhaften Verbrechen an der Zivilbevölkerung, die hier mit Wissen der sowjetischen Führung und auf Anstiftung solcher Propagandisten wie Ilja Ehrenburg an den Wehrlosesten ihrer Feinde, Kindern und Frauen begangen wurden, sind in den 50er-Jahren gut dokumentiert worden. Die über Jahre hinweg gesammelten Aussagen von Opfern wurden von 1952 an durch das damalige Bundesministerium für Vertriebene gesammelt und archiviert, das von einem Vertreter der »Partei der Heimatvertriebenen und Entrechteten« (BHE) geleitet wurde.

Damals hatte der BHE allein in dem mit Flüchtlingen aus Ostdeutschland überfüllten Schleswig-Holstein 24 Prozent der Stimmen erhalten und bildete zusammen mit der CDU und der FDP die Regierung unter Adenauer. Die Zeit für eine solch aufwendige Untersuchung war günstig – die Erlebnisse der Opfer lagen erst sieben Jahre zurück und der Zeitgeist war mit den Flüchtlingen. Der Kalte Krieg und der vorherrschende Antikommunismus des Westens ermutigte die Menschen, die Verbrechen der Sowjets offen auszusprechen, was nach 1968 und der zweiten Umerziehungswelle nicht mehr in dem Maße möglich gewesen wäre.

Der BHE hatte ab 1952 als soziale Protestpartei durch die geglückte Eingliederung der Flüchtlinge an Bedeutung verloren, sein Wählerpotenzial war der CDU/CSU, aber auch der SPD zugefallen. Es war höchste Zeit, die Zeitzeugen zu befragen und eine Dokumentation zu erstellen, die Verbrechen der Roten Armee beim Namen zu nennen. Als das, was sie nach Ansicht vieler großer englischer und amerikanischer Historiker und Philosophen längst bezeichnet wurden – als Kriegsverbrechen. Wenige Jahre später, 1968, wäre eine solche Dokumentation nicht nur antikommunistisch genannt, sondern sogar unter »Faschismus«-Verdacht gestellt worden. Über die Toten und Vergewaltigten sollte möglichst nicht gesprochen werden bei den kommenden Ost-West-Gesprächen mit Russen, Tschechen oder Polen. Lasst doch die Toten ruhen.

47.
Die Schreie hallten die ganze Nacht.
Augenzeugen über die Flucht aus Schlesien

Bericht von Frau Hedwig Rosemann aus Breslau:[86] »Wir sind Breslauer und mussten unsere Heimatstadt am 22. Januar 1945 in zwei Stunden verlassen. Wir flüchteten nach Löwenberg zu unseren Verwandten. Am 13. Februar 1945 kam der Befehl, die Stadt Löwenberg zu verlassen und zu trecken. Die Russen sind ganz in der Nähe. Die Landstraßen waren so verstopft von Flüchtenden, dass wir nicht mehr rauskonnten. Bei den Kämpfen am 14./15. Februar 1945 suchten die zurückgebliebenen Bewohner in den Kellern Schutz.

Morgens um sieben Uhr ein Krachen an unserer Haustür, die Russen waren da … Wie die Wilden stürzten sie sich in den Hausflur. Im Schrank wurden alle Konserven auf die Erde geworfen. In der Schuhmacherwerkstatt alle Leisten runter auf die Erde. Es war ein fortwährendes Poltern und Krachen und die ersten Frauenschreie gellten auf. Frauen wurden in den Hausflur gezerrt und vergewaltigt.«

Eine Augenzeugin, Frau Frieda Schneider aus Breslau, die auf der Hauptstraße, Golberger Straße, wohnte, berichtete den Einzug der Russen folgendermaßen:

»Wir blieben zehn Tage im Keller versteckt. Frau Josef gebar am 18. Februar 1945 einen Sohn im Keller. Da die Hebamme nur einige Häuser entfernt wohnte, war sie gleich zur Stelle. Es war furchtbar in dem nassen, dunklen Keller. Das Kind schrie fortwährend. Die Mutter musste mit ihren zwei Kindern nach zwei Tagen ans Tageslicht und sie kam mit ihrer Mutter in den zweiten Stock. Aber auch sie blieb nicht verschont von den Vergewaltigungen, trotzdem doch jeder das kleine Würmchen neben der jungen Mutter sah. Nach zehn Tragen mussten wir die Altstadt räumen und wir wurden von den Russen in die Villenstadt in zwei Straßen, Kaiser-Friedrich-Straße und Bismarck-straße 9, in der Lehrerwohnung von Herrn Spangenberg im ersten Stock eingewiesen. Im zweiten Stock lag ein Kunst-malerehepaar mit seiner Tochter erschossen in den Betten. Die Gesichter waren schon schwarz.

Eine 45-jährige Lehrerin erzählte mir, dass sie die dau-ernden Vergewaltigungen der Russen – täglich zwanzig- bis dreißigmal – nicht mehr aushalten könne. Die Russen ver-gewaltigten sie, unbekümmert darum, dass sie mit ihrer 81-jährigen Mutter in einem Bett schlief! Es war eben furchtbar, keine Frau blieb verschont. Die Russen kamen von der nahen Front her mit Autos angefahren, und so ging das den ganzen Tag bis morgens um drei Uhr.

Unten in zwei Zimmern waren 30 Löwenbergerinnen, die sich auf Stroh lagerten und Tag und Nacht keine Ruhe vor den Russen hatten, ebenso wie oben drüber Frau Josef und ihre 63-jährige Mutter. Unter den 30 Löwenbergerin-nen befand sich auch ein Drogistenehepaar, sie hatten Gift genommen, während der Mann tot war, wurde die Frau ge-rettet.

Die Ludwigsdorfer Frauen hörte man Tag und Nacht schreien, obwohl sie sich so gut tief im Heu und Stroh ver-steckt hatten. Die Russen suchten überall und fanden sie auch überall. Die Besatzung blieb zwei Tage, dann rückte sie ab.

Wir zogen weiter und durften, da es den ganzen Tag schneite, im Dorf Gröditzberg bleiben. Nachts kam eine russische Kontrolle: Zwei Russen mit MPs hielten uns ein Streichholz vor die Nase und leuchteten jeden Einzelnen ab. Uns gegenüber lag ein Bauer aus Steinau mit sieben kleinen Kindern. Die Älteste 15 Jahre alt. Auf sie hatten es die Rus-sen abgesehen. Ein Russe setzte sich auf unseren Brotsack, der andere legte sich zwischen das Bauernehepaar, wo die 15-jährige Tochter lag. Wir hörten das Wimmern und Wei-nen von dem Mädchen und auch die Mutter weinte laut. Der Bauer und die anderen Kinder mucksmäuschenstill, denn der zweite Russe hielt seine MP auf uns alle gerichtet. Als der erste Russe wegging, fiel der zweite Russe über sie her.

Das nächste Dorf, in dem wir uns einquartieren durften, war Adelsdorf. Auch hier wimmelte es von Russen und in jedem Haus waren mindestens 50 Mann, die die Stuben ausgeräumt hatten und auf Bretterverschlägen lagen. Überall wieder restlose Vernichtung und Zerstörung. Das Dorf war leer von der Zivilbevölkerung. Am Ende des Dorfes durften wir uns einquartieren. Es war das Altersheim, gerade gegenüber dem Spritzenhaus. Frau Josef kochte schnell für ihren Säugling eine Weizenmehlsuppe, denn durch die dauernden Vergewaltigungen hatte sie völlig die Milch verloren, und Milch gab es doch nirgends. Wir durften in Adelsdorf zwei Tage lang bleiben. Doch die Kontrollen, die Plünderungen und Vergewaltigungen jede Nacht, die manchmal zehnmaligen Durchsuchungen unserer letzten Lumpen waren furchtbar. Was uns die Russen wegnahmen – wir wussten zum Schluss gar nicht mehr, was wir noch besaßen! –, war immer wertloser. Man war zum Schluss froh, überhaupt noch selbst am Leben gelassen worden zu sein.«

Protokollarische Aussage des Landhelfers Kurt Lachmann aus Possen, Kreis Bunzlau in Niederschlesien: »Wir hielten uns im Keller auf (viele Frauen und junge Mädchen, die ebenfalls bei uns im Keller Schutz suchten, waren zugegen), als gegen Mittag erstmalig die Russen unser Haus durchplünderten und dabei alles, was für sie gerade brauchbar erschien, insbesondere Uhren, Schmuck und Trauringe, entrissen. Am Abend stürmten, wie eine Horde, russische Soldaten in unseren Keller und holten alle Frauen und Mädchen in die Wohnung hinauf. Vom Keller aus konnte man dann das Aufschreien von den Frauen und Mädchen hören. Erst gegen Morgen kamen sie, teilweise blutend, zurück. Dieser Zustand dauerte etwa zwei Wochen an und täglich wiederholten sich die gleichen Szenen.

Während dieser Zeit waren auch mein Onkel und meine Tante Berta Kremse aus Bunzlau dabei. Eines Tages war ich mit Onkel und meiner Tante auf dem Wege zum Nachbarhaus, als ein Russe uns entgegenkam und meine Tante mitschleifen wollte. Sie setzte sich zur Wehr, worauf der Russe sie mit der Machinenpistole in den Leib schoss. Mein Onkel holte einen Handwagen herbei und fuhr die Schwerverletzte zum Nachbarhaus. Der russische Soldat folgte uns und schoss meine Tante nochmals in den Leib. Als sie daraufhin noch lebte, schlug der Russe mit der MP auf den Kopf. Im Gehöft des Bauern Gustav Otte angekommen, trug mein Onkel unter Stöhnen und Aufschreien die Schwerverletzte in den Hausflur. Wiederum hatte uns dieser Russe bis hierhin verfolgt und gab jetzt nochmals vier Schuss auf sie ab. Als meine Tante immer noch schrie, schlug er sie nochmals mit der MP auf den Kopf. Ihr Gesicht sowie ihr Kopf waren vollkommen entstellt. Sie war damals 50 Jahre alt. Durch Androhung der Russen, dass mein Onkel am nächsten Tag weggeholt werden sollte, begingen mein Onkel, meine Mutter und mein jüngerer Bruder Selbstmord durch vorzeitiges Schließen des mit Kohle geheizten Ofens. Auch ich sollte mein Leben mit lassen, bin jedoch, als es mir unerträglich wurde, davongelaufen.

Die bereits angeführten Massenvergewaltigungen erfolgten sehr oft im Beisein von Kindern aller Jahrgänge. Ich selbst, damals 13 Jahre, musste in zahlreichen Fällen ebenfalls zusehen.«

48.
Deutsche mit viel Verständnis
für die Massenvergewaltigungen

Deutsche Gutmenschen, bei denen die Umerziehung in der dritten Generation schon ins Groteske umgeschlagen ist, haben im Jahr 2002 auch dafür noch eine Entschuldigung zur Hand. Bereitwillig und aus freien Stücken. Und viel Verständnis.

Diese jungen Soldaten, sagen uns manche unserer nach 1945 geborenen Gutmenschen, mordeten und vergewaltigten – und verstümmelten – Mädchen und Frauen, weil sie durch den harten Kampf mit den sich verbissen wehrenden Deutschen und in Erinnerung an ihre vielen toten Kameraden – Gefangene wurden auf beiden Seiten an der Ostfront in den letzten Monaten kaum noch gemacht – voll Wut und Hass gegen die Deutschen waren und diesen Hass auf die deutschen Frauen übertrugen. Und ihn an ihnen ausließen.

Außerdem hätten die jungen Soldaten bei ihrem Vormarsch überall die von Deutschen zerstörten Dörfer und Städte und getöteten Landsleute gesehen und so aus Rache die Gewalttaten an Frauen begangen. Diese These wird ständig wiederholt, wenn von den Vergewaltigungen der Roten Armee die Rede ist, zuletzt in Guido Knopps Fernsehserie »Die große Flucht«. Die sich im Wortlaut gleichenden, fast stereotypen Entschuldigungen, vorgetragen von wohlmeinenden, letzten Endes aber parteiischen Publizisten und Wissenschaftlern, sogar von Augenzeugen (!), werden vorgebracht als Erklärungen für schwere Kriegsverbrechen, die dann auch noch meist abschwächend »Übergriffe« genannt werden. Übergriffe – wegen der Verbrechen der »Faschisten«.

Auffallend oft, offenbar auf Nachfragen der Reporter, kommt der Hinweis auf die furchtbaren Verbrechen der Nazis vor, an deren Schuld gewiss niemand im Publikum gezweifelt hat. Vielleicht steckte keine Absicht dahinter, aber die *Wirkung* ist eindeutig. Die Kriegsverbrechen der Russen oder Tschechen werden *relativiert.* Sie sollen gegen deutsche Geiselmorde und andere Kriegsverbrechen *aufgerechnet* werden.

Aber man kann Völkermord und Kriegsverbrechen nicht relativieren und die Toten nicht gegeneinander aufrechnen. Das genau ist ja die Methode der Rechtsextremisten. Und der Stalin-Anhänger, von denen es in Deutschland mehr bekennende Anhänger gibt als NPD-Leute.

Außerdem sprechen die heute bekannten Tatsachen gegen die *Rachethese.* Die kämpfende, kampfgewohnte Truppe, vor allem die Besatzungen der Panzer und Sturmgeschütze, das bestätigen alle Augenzeugen, vergewaltigte im Allgemeinen nicht, griff vielleicht nach Uhren und Schnaps und zog rasch weiter. Die nachrückenden Reserven junger Rekruten hatten in ihrer Heimat hinter dem Ural keine Toten oder verbrannte Häuser zurücklassen müssen, die sie jetzt an halbwüchsigen Mädchen oder alten Frauen hätten rächen wollen. Sie hatten gerade einige Wochen zuvor, bei ihrem Einmarsch ins Baltikum, auch die Frauen und Kinder der Letten, Esten, Ukrainer und Litauer vergewaltigt und verstümmelt, die man kaum als Frauen mit »germanischem Rassestolz« ansehen konnte. Sie wurden mit der gleichen Brutalität behandelt.

Die jungen Männer aus der Mongolei, die im Raum Königsberg und Danzig, in Pommern und in Schlesien besonders barbarisch wüteten, waren nicht grausamer geboren als andere Männer. Der Grund für die an allen Frontabschnitten auftretenden Gewalttaten und Morde war ein anderer: Sie begingen die Verbrechen, weil sie es *durften.* Weil das Gewaltverbot, das seit Kain-und-Abel-Zeiten gilt, für sie aufgehoben war.

Der Ermunterungen und Aufrufe durch die Flugblätter bedurften die jungen Soldaten aus den asiatischen Provinzen der Sowjetunion nicht. Sie wussten schon, was sie mit den Frauen und Mädchen tun wollten – und taten. Das, was sie in ihren verborgensten Träumen und Phantasien schon immer gewollt hatten, das Gleiche, was sich alle potenziellen Sexualtäter und Mörder überall auf der Welt auch heute in ihren gar nicht so seltenen Gewaltträumen wünschen, was aber in allen Kulturstaaten mit lebenslangem Zuchthaus oder der Todesstrafe bedroht ist: das junge Mädchen, die Frau demütigen, mit Gewalt nehmen, dem Opfer Schmerz zufügen und es am Ende sogar töten. Tatsächlich wurden die bis zur Bewusstlosigkeit missbrauchten deutschen Frauen und halbwüchsigen Mädchen von den russischen Soldaten nicht selten nach der Vergewaltigung getötet. Viele empfanden es als Erlösung.

Von den 4.824.000 Einwohnern von Schlesien (einschließlich der zugezogenen Bombenflüchtlinge) starben durch Kriegseinwirkung und Vertreibung am Ende 874.000.

49.
Slawen an die Elbe!
Die Vorgeschichte der Vertreibung

Die Atlantik-Charta, die Roosevelt und Churchill am 14. August 1941 verabschiedeten, aber nie unterschrieben haben, hatte sich noch strikt gegen jede Gebietsabtretung ausgesprochen: »Die unterzeichneten Länder wünschen keine Gebietsveränderungen, die nicht mit den frei geäußerten Wünschen der betroffenen Völker übereinstimmen.« In diesem Sommer war ich zwölf Jahre alt und tobte mit einem Freund in den Strandburgen des Danziger Strandbads Brösen herum, das mein Mitschüler Günter Grass in seinen Romanen *Die Blechtrommel* und *Katz und Maus* als Schauplatz seltsamer Liebesspiele weit über die Grenzen Deutschlands hinaus bekannt gemacht hat.

14 Jahre waren meine Freunde und ich alt, als die größte Massenaustreibung von Menschen in der Geschichte beschlossen wurde. Während wir Jungen uns nach der Schule in der Innenstadt von Danzig herumtrieben oder versuchten, mit den ersten langen Hosen trotz Jugendverbot in die UFA-Lichtspiele eingelassen zu werden, und anschließend im TOBIS-Café bei einem »Heißgetränk« zusahen, wie die Marinehelfer oder Fähnriche von der Marine mit den Oberschülerinnen zu *deutscher* Swingmusik tanzten.

Am 28. November 1943 trafen sich Churchill und Roosevelt mit Stalin in Teheran. Fotos zeigen die drei, Stalin wie immer in der prachtvollen Uniform eines Marschalls der Sowjetunion, in eleganten Sesseln sitzend, in *Teheran*. Da ließen die »Großen Drei« ein gutes Drittel Deutschlands – außer dem Sudetenland drei deutsche Provinzen mit 13 Millionen Einwohnern mit all ihren Eigenarten und Besonderheiten – von der Landkarte verschwinden.

Am 1. Dezember 1943 wurde ich 15 Jahre alt. Da gab Churchill auch die »Freie Stadt Danzig«, den vom Völkerbund garantierten Freistaat, an Polen. Was scherte die Großen der Völkerbund, wenn sie sich sonst einig waren! Gab es doch ohnehin schon den Plan Roosevelts, anstelle des Völkerbunds die »Vereinten Nationen« zu gründen, in denen die Großmächte über den Sicherheitsrat ausschlaggebenden Einfluss haben würden. Da schlug der britische Premier die Vorverlegung Polens um 200 Kilometer an die Oder sowie die Abtretung ganz Oberschlesiens vor. Von der westlichen Neiße, also der Abtretung ganz Niederschlesiens an Polen, war damals noch nicht die Rede.

Stalin war erst einmal zufrieden und stimmte, nachdem man ihm die 1939 von Hitler zugesprochenen und sogleich besetzten Gebiete Ostpolens endgültig überlassen hatte und mit Königsberg noch einen eisfreien Hafen an der Ostsee dazugab, einer vagen Formulierung zu, die Oder-Linie einschließlich ganz Oberschlesiens als zukünftige polnische Westgrenze ins Auge zu fassen. Natürlich sprach man über die Frage der Aussiedlung der Deutschen aus den an Polen abgetretenen Provinzen. Roosevelt schlug für die betroffenen Gebiete einen »Bevölkerungsaustausch« vor.

Das Wort Bevölkerungsaustausch ist eine historische Anspielung auf den Diktatfrieden zwischen der Türkei und dem besiegten Griechenland von 1924. Es gab wenig auszutauschen, nur wenige Türken wohnten im griechischen Mutterland, aber 3,5 Millionen Griechen lebten in Kleinasien. Seit 3000 Jahren lebten sie dort. Das Wort Bevölkerungsaustausch hatte schon 1924 für die in Kleinasien lebenden Griechen nichts weiter bedeutet als Vertreibung, und zwar Vertreibung der unmenschlichsten Art. Hier, in Teheran, war es der blanke Hohn. Stalin erklärte sofort, er halte die Durchführung für möglich. Die Ausweisung von über 8,5 Millionen Deutschen aus einem 800 Jahre alten Siedlungsgebiet – eine Transportfrage. Eichmann hätte es auch so gesehen.

Dazu kamen noch 3,5 Millionen Sudetendeutsche, die seit 400 Jahren in dem Gebiet um das Sudetengebirge in

Österreich-Ungarn gelebt hatten und die nach der Zerschlagung des Vielvölkerstaats 1919 *ohne Abstimmung* dem neu gegründeten Staat der Tschechen zugeschlagen worden waren. Vom Völkerbund.

Wenn die polnische Exilregierung bei den lange vor Deutschlands Kapitulation geführten Geheimverhandlungen Danzig und eine Verschiebung ihres Landes 200 Kilometer weiter westwärts bis zur Oder (ohne Stettin also) gefordert und auch im Wesentlichen zugesagt bekommen hatte, führte sie rein machtpolitische Argumente wie den Zugang zum Meer und den Wunsch nach einer langen Ostseeküste ins Feld, die sowohl die Engländer als auch die Russen am besten verstanden, aber die *panslawistische* Idee spielte natürlich in der Propaganda auch bei den Polen eine wichtige Rolle.

Die Idee der Vertreibung der Deutschen aus den Ostgebieten war viel älter als Hitlers Drang nach Osten, ja älter als Hitler selbst. Die Forderung nach »Rückgewinnung slawischen Landes«, also nach Vertreibung der Deutschen aus ihren vor 800 Jahren im Zuge der Christianisierung des Landes besiedelten Dörfern und Städten jenseits der Oder, hatte viel früher begonnen. Der Anspruch auf das seit Otto I. von Deutschen besiedelte und meist erst gerodete und kultivierte »Slawenland« gehört deshalb zu den Standardforderungen des Panslawismus, der sich im 19. Jahrhundert, von Russland ausgehend, in Polen und besonders bei den Tschechen im österreich-ungarischen Böhmen ausbreiteten.

Slawenland in Slawenhand! Bis zur Elbe. So hieß die Maximalforderung. Dabei hatten die Gebiete zwischen Elbe und Weichsel nie zu Polen gehört, Ostpreußen gar wurde ausschließlich von den Pruzzen bewohnt. Die Pruzzen waren ohnehin keine Slawen gewesen, sondern, ähnlich wie die ebenfalls aus Mittelasien stammenden Esten, ein aus Asien zugewandertes Volk mit einer nicht indogermanischen Sprache. Doch die Propagandisten des Panslawismus störte das ebenso wenig wie der Umstand, dass weder die Tschechen noch die Polen zu den Stämmen gehört hatten, die seit 1100 langsam von der deutschen Ostkolonisation aufgesogen worden waren. Ab 800 waren Wenden in den Raum zwischen Havel, Oder, Spree und dem Erzgebirge nachgezogen und bis zum Jahr 1000 sogar bis zur Elbe vorgerückt und bauten dort im *Wendland* Rundburgen und kreisrunde Haufendörfer, die heute noch gelegentlich Polittouristen oder Journalisten auffallen, wenn sie während der alljährlichen rituellen Demonstration gegen den »Castor« und das »Zwischenlager Gorleben« das »aufmüpfige Wendland« besuchen.

Polen und Tschechen, die schon seit 890 christlich und daher nie Gegenstand der Ostkolonisation gewesen waren, konnten also kaum im Ernst Rechtsansprüche auf die vor 800 Jahren als Ödgebiete von Deutschen urbar gemachten Landstriche erheben. Für die Abtrennung der deutschen Ostprovinzen brauchte man die panslawistischen Rechtsansprüche nicht. Es genügte die Macht. Trotzdem sprach die polnische Propaganda nach der Vertreibung der Schlesier und dem Einzug der aus den Sumpfgebieten Wolhyniens und des Bug kommenden Polen in Breslau, die nun die Wohnungen der Deutschen bezogen, offiziell von *Heimkehrern*!

50.
Wenn möglich, human.
Die Vertreibungskonferenzen
von Jalta und Potsdam

Die Vertreibung der 15 Millionen Deutschen aus ihrer Heimat war die größte Zwangsumsiedlung seit Dschingis Khan. Sie wurde seit 1941 diskutiert und galt schon seit der Konferenz von *Jalta* auf der Krim als beschlossene Sache. Gastgeber war hier Stalin auf seinem eigenen Territorium, was ihm einen gewissen Heimvorteil verschaffte und Churchill unbehaglich war. Man arbeitete unkonzentriert, die Konferenz war schlecht vorbereitet, vielleicht absichtlich, es gab weder feste Tagesordnungen noch Themenbereiche. Außerdem musste die Sitzung wegen des schlechten Gesundheitszustands des todkranken amerikanischen Präsidenten, der schon wenige Wochen später starb, oft unterbrochen werden. Es war unverkennbar, dass auf dieser Konferenz bereits deutliche Differenzen zwischen den Westmächten und Stalin zutage traten, und diese Meinungsverschiedenheiten betrafen vor allem das Schicksal der deutschen Ostprovinzen und ihrer Bewohner.

Es waren jene Meinungsverschiedenheiten, die die verzweifelten Hoffnungen Goebbels' und Hitlers genährt hatten, der Konflikt zwischen der Hauptmacht des Kapitalismus und der Vormacht des Weltkommunismus werde vorzeitig zu einem Bruch führen. Jedenfalls herrschte in Jalta eine gespannte, manchmal gereizte Stimmung, denn die Alliierten zögerten, schon jetzt einer Vertreibung von so vielen Deutschen zuzustimmen. Der vom Tode gezeichnete Roosevelt widersetzte sich dem größten Landraub der neueren Geschichte nicht mehr, obwohl sie den Prinzpien der Atlantik-Charta (keine Gebietsveränderungen als Kriegsziel) extrem zuwiderlief.

Doch Roosevelt hoffte, naiv genug oder nicht ausreichend informiert über die sowjetischen Absichten, Stalin würde als Gegenleistung eine demokratische Regierung in Polen zulassen, anstelle eines von Moskau schon fest eingeplanten moskauhörigen Satellitenregimes. Außerdem hatte der amerikanische Präsident in den wenigen Stunden, die er täglich an der Konferenz teilnehmen konnte, noch andere Vorhaben, die er in seinen letzten Lebenstagen dringend verwirklichen wollte. Stalin sollte Japan den Krieg erklären, um die USA im Pazifik zu entlasten – tatsächlich erklärte dieser in letzter Minute seinen Kriegseintritt und besetzte noch rasch die Kurilen –, vor allem aber sollte Roosevelts Lieblingsidee, die Gründung der Vereinten Nationen, vorangetrieben werden.

Schließlich erklärte man etwas vage, was alle Türen für weitere Annektionen offen ließ, Polen müsse »im Norden und Westen einen beträchtlichen territorialen Zuwachs erhalten«. Die deutsche Bevölkerung müsse ausgesiedelt werden. Churchill äußerte Bedenken, eine so große Anzahl von Deutschen aus ihren Wohngebieten zu vertreiben. Stalin, der sehr gut über das Vorgehen seiner Soldaten in den deutschen Städten und Dörfern informiert war, versicherte der Konferenz beruhigend – und vielleicht auch ein bisschen zynisch – die meisten Deutschen seien ohnehin bereits vor der Roten Armee geflüchtet. Er wusste, warum. Und vertraute offensichtlich auf die Wirkung seiner Abschreckung. Tatsächlich aber waren erst vier Millionen Deutsche aus den Ostprovinzen geflohen, der Rest lebte noch dort oder war, wie die 1,5 Millionen Schlesier im Sudetenland, sogar wieder in ihre Heimatorte zurückgekehrt. Man einigte sich auf eine vage, bis in unsere Tage nicht erfüllte Zusage, die endgültige Festlegung der Grenzen bis zu einer Friedenskonferenz zurückzustellen.

Ein Geheimprotokoll von Jalta sieht als Reparationen unter anderem auch die Verbringung von Deutschen in Arbeitslager und ihre Verwendung als Arbeitskräfte vor. Damit wird für Hunderttausende deutscher Männer und

Frauen eine der größten Tragödien ihres Lebens eingeleitet, für Menschen, die ganz willkürlich in die Mühlen der Geschichte gerieten: die Deportation. In Lager, die in der Praxis Vernichtungslager waren. Manchmal sogar Folterlager, in denen Juden, die dem Holocaust entgangen waren, Deutsche zu Tode folterten.[87]

Die Konferenz von Jalta endete am 12. Februar 1945. Sie war noch nicht beendet, als der Vorsitzende des polnischen Nationalrats, Bierut, vollendete Tatsachen schuf und verbal bereits zur *westlichen* Neiße vorrückte. Am 5. Februar erklärte er in Warschau, dass Polen die Zivilverwaltung in den Reichsgebieten ostwärts der Oder-Neiße-Linie übernommen hätte.

Schon begannen die Polen Ansprüche auch auf einzelne Gebiete *westwärts* der Oder Anspruch zu erheben. So zum Beispiel auf Stettin. Diese Stadt *westlich* der Oder ist ihnen durch keine der Nachkriegskonferenzen zugesprochen worden. Sie nahmen sie einfach in Besitz. Und die Bundesrepublik nahm in den Ostverträgen auch diese Annektion zur Kenntnis, ebenso wie die stillschweigende Eingliederung des Freistaats Danzig an Polen. Weg ist weg. Realpolitik nannte man das, was man selbst, durch die Hohe Schule der Umerziehung gegangen, freiwillig gern auf sich nahm, Israel gegenüber den Palästinensern aber nie zumuten mochte.

Die *freiwillige* Anerkennung der Oder-Neiße-Grenze forderte zuerst Ulrike Marie Meinhof auf dem Kongress des Studentenverbands der SPD im Mai 1959 in Frankfurt und eine Mehrheit der Kongressteilnehmer stimmte ihr zu. Zum Entsetzen der ganzen deutschen Öffentlichkeit. Ulrike Meinhof und alle anderen Initiatoren des SDS-Kongresses wurden noch im gleichen Monat aus der SPD ausgeschlossen.[88] Es dauerte noch genau sieben Jahre, bis Willy Brandt die Oder-Neiße-Linie in den Warschauer Verträgen verbindlich anerkannte. Dies nur als kleinen Beitrag zu dem unerschöpflichen Thema »Wer hätte das gedacht!«.

Was als »wilde« Vertreibung längst in allen deutschen Ostprovinzen stattfand, wurde endgültig durchgesetzt und abgezeichnet auf der Konferenz von Potsdam, die am 17. Juli 1945 im Schloss Cäcilienhof bei Potsdam begann. Gastgeber war Stalin, diesmal als Sieger in der Residenz des Preußenkönigs. Ein Heimspiel auf erobertem Territorium. Es war kein Treffen von Verbündeten im Krieg, sondern eine Konferenz der Sieger. Stalins Partner hatten gewechselt – statt des soeben gestorbenen Roosevelt, mit dem es Stalin während des ganzen Kriegs zu tun gehabt hatte und mit dem ihn eine gewisse raubeinige Männerfreundschaft verbunden hatte, traf Stalin nun auf Harry S. Truman, dem grobe Scherze, wie sie Roosevelt und Stalin oft wechselten, fremd waren. Scherze auf Kosten der Deutschen natürlich. So hatte Stalin in Teheran die formlose Erschießung von mindestens 50.000 deutschen Offizieren und Technikern (!) nach dem Krieg ohne Gerichtsverfahren verlangt. Roosevelt konterte ungerührt: 49.500[89]. Ein Mordsspaß!

Auch Stalins anderer Freund aus langen Kriegsjahren, Churchill, musste noch im Laufe der Konferenz den Cäcilienhof verlassen, weil er zu Hause die Wahlen verloren hatte und nun durch seinen Nachfolger, den Labour-Politiker Clement Attlee, ersetzt wurde, den Stalin erst einmal gesehen hatte und der keine praktische Erfahrung im Umgang mit dem Diktator besaß.

Vielleicht wäre einiges in den Vereinbarungen über die Vertreibung von 15 Millionen Deutschen aus ihrer Heimat anders gelaufen, wenn es diesen Wechsel nicht gegeben hätte, denn als der britische Premier Attlee am 25. Juli die Konferenzräume betrat, war die Entscheidung schon gefallen, der amerikanische Außenminister Byrnes und sein Kollege Molotow hatten ausgemacht, dass die Vertreibung der Deutschen unabhängig von einer späteren Friedensvertragsregelung stattfinden sollte, und Attlee konnte nur noch zustimmen, wollte er nicht wegen der Deutschen die Konferenz im Alleingang gefährden. Man beschloss also:

Artikel IX: »Die Häupter der drei Regierungen stimmen darin überein, dass bis zur endgültigen Festlegung der Westgrenze Polens die früher deutschen Gebiete östlich der Linie, die von der Ostsee unmittelbar westlich von Swinemünde und von dort die Oder entlang bis zur Einmündung der westlichen Neiße und die westliche Neiße entlang bis zur tschechoslowakischen Grenze verläuft, einschließlich des Teiles Ostpreußens, der nicht unter die Verwaltung der Union der Sozialistischen Sowjetrepubliken ... gestellt wird, und einschließlich des Gebietes der früheren Freien Stadt Danzig unter die Verwaltung des polnischen Staates kommen sollen ...«

Artikel XIII: »Die drei Regierungen haben die Frage unter allen Gesichtspunkten beraten und erkennen an (sie ordnen es nicht an, sie *erkennen an, dass es geschieht*, sie waschen ihre Hände in Unschuld! Darauf hatte noch Churchill bestanden), dass die Überführung der deutschen Bevölkerung oder Bestandteile derselben, die in Polen, der Tschechoslowakei und Ungarn zurückgeblieben sind, nach Deutschland durchgeführt werden muss. Sie stimmen darin überein, dass jede derartige Überführung, die stattfinden wird, in ordnungsgemäßer und humaner Weise erfolgen soll.«

51.
Die Deutschen
ohne Unterschied liquidieren.
Die Geschichte des Eduard Benesch

Am gleichen Tag noch wurde ein Dekret des Präsidenten Benesch über die Regelung der Staatsangehörigkeit der Sudetendeutschen veröffentlicht. Sie wird ihnen mit sofortiger Wirkung aberkannt. Allen Deutschen, auch den aktiven Hitlergegnern und Widerstandskämpfern. Er hatte es offenbar sehr eilig, mit diesem Dekret bereits begangene, so genannte »wilde« Vertreibungen der Sudetendeutschen in großem Umfang *nachträglich* zu legalisieren. Benesch war Jurist.

Es ist das erste der so genannten, heute noch umstrittenen Benesch-Dekrete. Sie werden umstritten bleiben, solange sie nicht aufgehoben werden. Sie können sogar den Beitritt Tschechiens zur EU und zum Euro gefährden.

Doch die Vertreibung war längst *vor* der Potsdamer Konferenz beschlossene Sache. Die Austreibung der Sudetendeutschen aus der Tschechoslowakei hatte Churchill schon im September 1942 dem tschechischen Exilpräsidenten Eduard Benesch versprochen. Im Mai 1943 hatte auch Roosevelt den Tschechen die Enteignung und Vertreibung der deutschen Bevölkerung zugesagt.

Gefordert hatte Benesch die Vertreibung der Deutschen aber schon viel früher. Gleich nach dem Münchener Abkommen, das mit dem Segen von England und Frankreich den Anschluss des Sudetenlandes an das Deutsche Reich gebilligt hatte, im Dezember 1938. Für den Fall eines – damals noch ganz unwahrscheinlichen – Kriegs und einer Niederlage Hitlers in diesem Krieg.

Die größte Massenaustreibung der Geschichte seit Dschingis Khan, die Vertreibung der Deutschen aus den Ostprovinzen, in denen sie acht Jahrhunderte gewohnt hatten, war keine Erfindung von Churchill oder Roosevelt.

Nicht einmal Morgenthau, der die Deutschen hasste, hätte diesen Gedanken auszusprechen gewagt, nicht einmal Stalin, der in seinem eigenen Riesenreich ganze Völker und Volksgruppen abtransportieren und 1000 Kilometer weiter in Wüsten oder Permafrostgebieten wieder abladen ließ. Der Erfinder der Massenaustreibung der Deutschen hieß Dr. Eduard Benesch.

Der Mann, der schon 1938 die Austreibung der Sudetendeutschen forderte, hätte seine deutschen Landsleute am liebsten schon bei der Gründung der Tschechoslowakei, 1919, aus ihrer Heimat vertrieben. Der National-Sozialist Eduard Benesch – die Übereinstimmung des Parteinamens mit den Nationalsozialisten ist zufällig – soll dieses Ziel bereits noch viel früher als 1919 verfolgt haben. Die entsprechende Äußerung ist schriftlich nicht belegbar. Tatsache war, dass er schon während des Ersten Weltkriegs gegen den Verbleib der Tschechen im Habsburger Vielvölkerstaat agitierte und eine ethnisch homogene Tschechei als Ziel ansah. Das hätte schon damals die Vertreibung von 3,5 Millionen Deutsch-Österreichern und der Ungarn bedeutet.

Benesch war weitblickend und zäh. Er hasste die Deutschen, bevor es einen Hitler gab. Die Deutschfeindlichkeit des Eduard Benesch hatte eine lange Vorgeschichte. Das kam von weit her. Das hatte durchaus etwas mit einer Bewegung zu tun, die genauso absurd und verführerisch war wie die Lehre der SS von der germanischen Edelrasse. Benesch sympathisierte mit dem *Panslawismus.* Präsident Eduard Benesch war tschechischer Nationalist und fühlte sich als Slawe.

Obwohl der Panslawismus *nationenübergreifend* eine rassistische Lehre von der Zusammengehörigkeit aller Slawen vertritt, gehört er im Grunde zur Ideenwelt des aufkommenden Nationalismus des 19. Jahrhunderts: Hier handelte es sich um den Versuch, eine unterdrückte oder erst werdende kleine Nation in einen größeren Zusammenhang zu stellen, eine breite Solidargemeinschaft mit gleichen (= gleichrassigen) Brudervölkern zu schaffen, deren

Einigkeit stark machen und womöglich zu einem Groß-reich führen sollte.

Die Berufung auf vergangene oder untergangene mäch-tige Großreiche bereitete sich seit Anfang des 19. Jahrhun-derts in ganz Europa aus. Gerade unter kleinen und bisher unterdrückten Völkern. Die Serben entdeckten die einstige Größe des Großserbischen Reiches, auch die Bulgaren fan-den in ihrer Vergangenheit ein mächtiges bulgarisches Großreich, mit dem sie sich identifizieren und sich entspre-chend groß fühlen konnten. Die Ungarn hatten schließlich vom 9. bis zum 13. Jahrhundert ein mächtiges Reich beses-sen und konnten, wenn sie wollten, ihre Geschichte bis Attila zurückverfolgen, die Griechen hatten, unbestreitbar, gleich zwei ruhmreiche Epochen aufzuweisen, das Reich Alexanders *und* Byzanz, die Italiener hatten das Imperium Romanum, die Litauer hatten einst über ein Großreich im Norden verfügt, zusammen mit Polen, und auch die Tsche-chen hatten, unter ihrem Fürsten Swatopulk, ein »großböh-misches Reich« gehabt, das allerdings nur 20 Jahre lang existierte.

Was sie nicht hinderte, schon 1918 geradezu skurrile Ge-bietsforderungen aufzustellen. Beneschs Vorgänger im Amt, der spätere tschechische Präsident Jan Masaryk diente sich den russischen Brüdern schon an, als er noch österreich-ungarischer Staatsbürger war. Seine Träume waren alles andere als bescheiden: Als selbstständiger Staat sollte die Tschechei nach einem verlorenen Weltkrieg und dem Zerfall des Habsburgerstaates außer dem ganzen Sudetenland das österreichische Burgenland erhalten. Als slawischer Korri-dor zu den slawischen Brüdern in Serbien![90]

Das Paradoxe dieser sich auf dem Balkan ausbreitenden ruhmreichen Vergangenheiten war, dass die ins Imperiale strebenden geschichtlichen Großräume gar nicht alle ne-beneinander existieren *konnten*. Wenigstens aber wollten alle, nach jahrtausendelangem Zusammenleben – oder bes-ser Nebeneinanderleben – der Völker plötzlich eine ethnisch-einheitliche Trennung der Volksteile, notfalls mit Gewalt. In dieses von Ideen und Wünschen brodelnde Umfeld hatte *Woodrow Wilson* im Ersten Weltkrieg seine Idee vom »Selbstbestimmungsrecht aller Völker« hineingeworfen, die Wirkung war wie die einer Brandfackel – oder einer Bombe.

Die Idee der ethnischen Trennung war geboren. Von ihr war es keinen Schritt weit zur ethnischen *Säuberung*, von deren Langlebigkeit wir uns zurzeit im Kosovo und in Mazedonien überzeugen können, notfalls als deutsche Schutztruppe, die die ethnisch Getrennten davon abhalten soll, sich gegenseitig abzuschlachten.

Nach dem Zerfall von Österreich-Ungarn 1918 hatten auch die Sudetendeutschen, unter Berufung auf das Selbstbestimmungsrecht, eine Volksabstimmung verlangt, um als Provinz eines künftigen Deutsch-Österreichs anerkannt zu werden. Die neue österreichische Nationalversammlung hatte dem zugestimmt und sogar erklärt, sie werde sich jeder *Annexion* der von den Sudetendeutschen besiedelten Gebiete widersetzen. Doch bevor die Weltkriegsalliierten dem Verbleiben des Sudetenlandes bei Österreich *oder* der Annektion durch die Tschechen oder irgendeiner anderen Lösung zustimmen konnten, waren tschechische Milizen in die sudetendeutschen Städte einmarschiert und hatten vollendete Tatsachen geschaffen.

Der Frieden von St. Germain am 10. September 1919 schlug das Sudetenland mit 3,5 Millionen Einwohnern dem neuen Staat zu, ohne Volksabstimmung. Er erklärte die Sudetendeutschen, die die zweitgrößte Volksgruppe nach den Tschechen waren, zu einem Teil des Vielvölkerstaats Tschechoslowakei (Ungarn, Slowaken, Deutsche, Juden und Tschechen).

Die Sudetendeutschen vergaßen den Rechtsbruch von 1919 nie. Deshalb jubelten sie Hitler zu, als er das Sudetenland nach dem Anschluss Österreichs und nach dem Münchener Abkommen besetzte und dem Deutschen Reich angliederte.

Benesch selbst, bald nach 1938, mit Billigung der Franzosen und Engländer ein Herrscher ohne Land im Londoner Exil, der das Münchener Abkommen nie anerkannte, nannte die Sudetendeutschen *Landesverräter.*

Wenn einer nun behaupten würde, diese Äußerung sei nicht nur erkennbar absurd, sondern ja auch vor vielen Jahren gemacht und also überholt und kein vernünftiger Tscheche würde sich heute noch solch ein Urteil über 3,5 Millionen Sudetendeutsche zu Eigen machen, der wurde am 22. Januar 2002 eines Besseren belehrt. Von keinem Geringeren als dem tschechischen Ministerpräsidenten Milos Zeman, der Benesch sozusagen noch übertrumpfte, indem er erklärte, die Sudetendeutschen seien für ihn auch heute noch Landesverräter, hätten eigentlich den Tod verdient gehabt und sollten also eigentlich froh sein, nur vertrieben und ihrer Habe beraubt worden zu sein.[91]

Und er fügte noch hinzu: »Kann man jetzt wirklich Versöhnung für Verräter fordern?« Das war ein klares Wort, finden wir. Kann ein Land mit einem solchen Ministerpräsidenten Mitglied der EU werden? Auch eine verständliche Frage.

Benesch hatte den Sudetendeutschen nicht vergessen, dass sie Hitler bei der Angliederung des Sudetenlandes zugejubelt hatten. Diesmal sollten die Deutschen, was 1919 noch nicht möglich gewesen war, endgültig vertrieben werden, und Benesch machte klar, dass die »Liquidierung der Deutschen hundertprozentig sein müsse«[92]. Die Sudetendeutschen als zweitstärkste Gruppe der Staatsvölker sollten das Land nach einem gewonnenen Kriege ganz verlassen. In geordneter Form, versprach Benesch den Alliierten. Die ungeordnete Form hatte schon am 5. Mai begonnen.

Die deutsche Kolonie in Prag wurde im Mai 1945 praktisch vernichtet. Fünf Tage nach Hitlers Selbstmord am 5. Mai 1945 brach in Prag ein Aufstand aus. Er hatte die gleichen Motive wie der Warschauer Aufstand: vor dem Einmarsch der sowjetischen Truppen einen von Stalin unabhängigen Staat zu legitimieren. Im Gegensatz zu dem Warschauer Aufstand traf der in Prag nach dem Selbstmord Hitlers nicht auf den gleichen Widerstand der deutschen Besatzung. Es fanden auch keine großen Kämpfe statt. Lediglich der Prager Sender wurde von den Aufständischen erobert und spielte eine wichtige Rolle bei den nun beginnenden Pogromen gegen die deutsche Zivilbevölkerung. Am 6. Mai begannen die Ausschreitungen gegen deutsche Zivilisten, die erst nach dem endgültigen Kriegsende ihren grausigen Höhepunkt erreichten.

Bemerkenswert an diesem Ereignis ist letztlich nur die Grausamkeit gegenüber der deutschen Zivilbevölkerung. An Todesarten für Deutsche werden im Buch des sudetendeutschen Autors Heinz Nawratil überliefert:

Erschlagen, Erdrosseln, Ertränken, Erstechen, Entmannen, Tottrampeln durch Menschen, Tottrampeln durch Pferde, Verbrennen bei lebendigem Leib, Verstümmeln auf verschiedenste Weise, ferner Vollpumpen mit Jauche, Zu-Tode-Rollen in Fässern.[93]

Das alles waren aber Einzelfälle. Schlimmer war der berüchtigte Todesmarsch von Brünn. Am 30. Mai 1945 wurden dort 30.000 Deutsche aus der Stadt und auf einen Fußmarsch an die österreichische Grenze getrieben. Nur wenige tausend überlebten den Todesmarsch. Hier spielten sich unbeschreibliche und bisher nur von Augenzeugen in ihrer einfachen, oft unbeholfenen Sprache geschilderte Szenen ab, die von einer Roheit und einer Abartigkeit der Quälereien erzählen, die unsere Phantasie sich heute noch weigert nachzuvollziehen.

Bericht von Marianne v. W. aus Brünn: »Ich erlebte den Todesmarsch von Brünn nach Pohrlitz am Fronleichnamstag in folgender Verfassung: Um neun Uhr abends am 30. Mai 1945 wurden wir aus den Wohnungen gejagt. Die ganze Nacht über standen wir in Massen, Frauen, Männer und Kinder, im Alt-Brünner Klostergarten. Beim Morgengrauen wurden wir aus dem Klostergarten herausgetrieben und am Klosterhof in drei Zügen aufgestellt. Nun kam ein Stabskapitän mit einer Horde von Partisanen und Gendarmen heran und schrie: ›Gold, Geld und Sparkassenbücher abgeben!‹ Auf diesen Ruf hin stürzten sich alle Partisanen, Gendarmen und er selber auf die wehrlosen Frauen und Greise und rissen ihnen allen Schmuck, Geld und alle Wertsachen, kurzum: alles, was ihnen wertvoll erschien, vom Leibe und aus den Koffern. Jeder der Partisanen hatte Koffer voll Gold und Silbersachen und Schmuckstücken. Stabskapitän Holatko führte den Befehl. Während dieser Szenen tagte der Nationalausschuss unter Vorsitz des Matula, Vorsitzender des Nationalausschusses in Brünn … Da die Menschenmassen die ganze Nacht hindurch schon auf der Straße und in dem Klostergarten unter freiem Himmel stehen mussten, brachen viele von ihnen schon nach wenigen Kilometern zusammen.

Der Weg führte gegen Pohrlitz. Etwa 15 Kilometer Weges bei der Ortschaft Raigern wurden jene Müden und Erschöpften, die nicht mehr weiterkonnten, in das Lager Raigern getrieben. Dort wurden sie von Partisanenweibern überfallen, nackt ausgezogen und Frauen und Männer durchsucht nach Schmuck und Geld. Es wurden ihre Kleider buchstäblich zerschnitten beim Suchen nach versteckten Wertgegenständen. Zahllose wurden dort zu Tode geprügelt und nach den Aussagen vieler, die nach Pohrlitz gekommen sind, erschossen. Unbeschreibliche Szenen haben sich auf der Straße nach Pohrlitz abgespielt, umso mehr, als am Nachmittag ein fürchterliches Gewitter niederging und die Straßengräben überflutete. Die müden und erschöpften Menschen rutschten am aufgeweichten Boden aus, wurden wohl mit Prügeln und Peitschenhieben traktiert, waren aber im Allgemeinen nicht mehr auf die Füße zu bringen. Die Straßengräben waren gefüllt mit Kleidungsstücken, Koffern, Lebensmitteln, die die Erschöpften abwarfen, und dazwischen saßen die Erschöpften, die auch an Erschöpfung gestorben sind.

Der Zug der Brünner zog sich über Pohrlitz gegen die österreichische Grenze zu hin, ich selbst kam mit Tausenden in den Abendstunden des Fronleichnamstages in Pohrlitz an. Ich war derart erschöpft, dass ich mir ein Plätzchen zur Ruhe suchte, und kam in der Finsternis in eine Autowerkstätte, wo ich mich erschöpft hinkauerte und die Nacht über dort zubrachte. Ich hörte die ganze Nacht Hilferufe von Frauen, die vergewaltigt wurden, am frühen Morgen wurden die Marschfähigen mit Peitschenhieben und Misshandlungen wieder auf die Straße getrieben und mussten gegen Österreich zu weiter wandern. Die Erschöpften und Nichtmarschfähigen, es waren (noch) etwa 6000, wurden in den vielen Getreidesilos untergebracht und mussten dort auf blankem Betonboden ihr Lager aufschlagen. Auch nicht einmal den Schwerstkranken wurde Stroh zugebilligt für ihr Nachtlager.

Ich war in der Baracke IV als Krankenschwester beauftragt, obgleich ich allen diesen erschöpften Menschen kaum helfen konnte, weil mir weder Medikamente noch andere Hilfsmittel zur Verfügung standen und ich schwer erkrankt war. Durch diese Einteilung aber hatte ich einigermaßen Bewegungsfreiheit und konnte die unglaublichsten Grausamkeiten mit ansehen, die sich in diesen Silos zugetragen hatten. Als erster Todesfall ist mir folgender in Erinnerung: Ein Soldat verfolgte eine Frau, die vor ihm flüchtete. Er übersprang die liegenden, erschöpften Frauen und dabei sprang er einem achtjährigen Mädchen mit beiden Füßen auf den Kopf, welches sofort dadurch getötet wurde. Die zweite Tote, die mir in Erinnerung ist, war eine etwa 30-jährige Frau, die mit zwei Kindern, einem etwa dreijährigen Mädchen und einem einige Wochen alten Säugling, am Beton lagerte. Beim Morgengrauen hörten wir das dreijährige Kind wimmern und nach der Mutter rufen und mussten feststellen, dass diese Frau durch Gift Selbstmord begangen hat. Ihr Gesicht war blau geworden. Aber auch der Säugling war von der toten Frau so fest an die Brust gedrückt, dass das Kind auch tot war.

Ein vorübergehender tschechischer Gendarm fragte mich, warum die Frau so blau sei, worauf ich die Bemerkung machte, dass sie höchstwahrscheinlich Gift genommen hat. Darauf begann er entsetzlich zu fluchen. Er nannte die Tote eine Nazihure, Drecksau, deutsches Schwein, die nach zwei Tagen Lager schon mit Selbstmord endet, und gab mir den Befehl: ›Werfen Sie die Drecksau samt dem Bankerten in die Latrine!‹

Auf meine Einwendung hin, dass ich Rotkreuzschwester bin, unter Eid stehe und eine solche Tat nicht ausführen kann und auch nicht will, auch wenn er mich selbst erschießen würde, beschimpfte er mich mit ›deutsches Schwein und deutsche Hure‹, rief aber dann drei andere Frauen, die er eher gefügig machen konnte, weil sie den Drohungen keinerlei Argumente entgegenzusetzen wagten, und zwar waren dies Frau Agnes S., Straßenbahnerswitwe aus Leskau, 63 Jahre alt, eine 30-jährige Franziska W. und eine dritte Frau, die mir dem Namen nach unbekannt ist. Diese Frauen mussten die tote Mutter mit dem toten Säugling in die offene Latrine werfen. Partisanen zwangen dann die Insassen des Lagers, diese Latrine zu benützen, damit, wie sie riefen, ›die Drecksau mit dem Bankert so schnell wie möglich unsichtbar wird‹. Und das vollzog sich auch. Nach Tagen, ja noch Wochen später konnte man noch immer das Köpfchen des Kindes aus dem Unrat herausragen sehen.«[94]

Kein großer deutscher Schriftsteller hat diese Leiden thematisiert, kein Filmemacher oder Drehbuchautor sie zu einem Film gemacht. Da ist kein Spielberg, der daraus einen heroischen, aufrüttelnden und doch schönen Film machen wollte wie »Schindlers Liste«, aber auch kein Claude Lanzmann, der darüber eine durch seine Sachlichkeit erschütternde »Shoah« drehen würde. Warum sollten ausländische Regisseure etwas tun, wozu ihre berühmten deutschen Kollegen bisher nicht Mut oder Phantasie genug hatten? Mögen andere von ihren Toten sprechen, ich spreche von den meinen.

Bericht der Therese Mager über die Morde von Aussig am 30. Juli 1945: »Ich wohnte bis zur Evakuierung in Aussig, Teplitzer Straße 36. Am Nachmittag des 30. Juli 1945 ging ich um 16.30 durch die Schönpriesener Straße nach Aussig. Plötzlich hörte ich aus der Richtung der Zuckerfabrik Schönpriesen Detonationen und sah hierauf auch Rauchwolken aufsteigen. Zur gleichen Zeit begannen die Tschechen das Gerücht auszustreuen, dass die Deutschen die Explosion verursacht hätten, und begannen eine Verfolgung aller derer, die weiße Armbinden trugen. Ich selbst stand im Sanitätsdienst und war durch eine Rotkreuzbinde deutlich als Schwester gekennzeichnet. Die Tschechen stürmten durch alle Straßen, schlugen die Deutschen nieder oder schossen auf sie, wenn sie das Weite suchten. Ich selbst lief zur Elbebrücke und sah hier, wie Hunderte deutscher Arbeiter, die aus den Schichtwerken kamen, in die Elbe geworfen wurden. Auch Frauen und Kinder sowie Kinderwagen stießen die Tschechen in den Strom. Es waren meistens schwarz uniformierte Tschechen mit roten Armbinden (SNB-Leute[95]). Sie warfen Frauen und Kinder, die sich nicht wehren konnten, von der 20 Meter hohen Brücke in die Fluten. Ich selber vermied es, die Brücke zu überschreiten, sondern lief, nachdem ich diese schrecklichen Szenen gesehen hatte, durch die Töpfergasse zurück zum Aussiger Schulplatz. Dort begab ich mich in das Ordinationszimmer meiner Chefin Dr. N., wo bereits vier Verwundete anwesend waren. In diesem Augenblick kam dann Dr. N. selbst, die einen Schwerverwundeten von der Straße hereingezogen hatte. Es handelte sich um den 70 Jahre alten Josef Horn aus Aussig, der drei schwere Kopfverletzungen aufwies und dem man den Hals durchschnitten hatte. Wir brachten den Horn zum Krankenhaus, wo man zunächst die Aufnahme verweigerte und den alten Mann erst nach langem Bitten in Pflege nahm. Die Massenverfolgung der Deutschen dauerte bis in den späten Abend. Wir hörten aus allen Ecken und Straßen Schreie und Weinen. Weder eine Behörde noch die russische Besatzungsmacht schritten gegen diesen Massenmord ein. Zahlreiche Deutsche, die sich aus der Elbe schwimmend gerettet hatten, wurden durch Maschinengewehre beschossen.«[96]

Die »Dokumentation der Vertreibungsverbrechen« schätzt die Opfer auf 700 bis 2500.[97]

Doch die meisten Morde ereigneten sich in den überall improvisierten Lagern, die die Tschechen ganz unbefangen »Konzentrationslager« (Koncentrační tábor) nannten. Nach Angaben des Suchdienstes des Deutschen Roten Kreuzes gab es 1945 in der Tschechoslowakei 1215 solcher Internierungslager, 846 Straflager und 215 Gefängnisse, in denen Morde und andere Verbrechen an Deutschen begangen wurden. Das Bundesarchiv Koblenz in seiner Dokumentation der Vertreibungsverbrechen urteilt darüber: »Unmenschliche Verhältnisse führten zum Tode von Lagerinsassen durch Kräfteverfall und Epidemien, verursacht durch mangelhafte Ernährung, fehlende Medikamente, unhygienische Verhältnisse und durch Depressionen infolge sadistischer Misshandlungen. Sehr hoch war die Sterblichkeitsziffer bei Kindern und älteren Leuten.«[98]

Mord verjährt nicht. Auch nicht in Tschechien. Aber diese Morde werden nie gesühnt werden, solange die noch im Januar 2002 umstrittenen Dekrete und Gesetze aus der Benesch-Zeit wirksam sind. Denn in einem dieser Dekrete ist die Straffreiheit für alle Vertreibungsverbrechen, einschließlich Mord, zugesagt und später Gesetz geworden. Ein Gesetz, das heute noch gilt und das auch der sympathisch in die Kameras lächelnde Schriftsteller und Präsident von Tschechien, *Vaclav Havel*, in der Fernsehdiskussion über den Film »Die große Flucht« im Januar 2002 nicht angetastet wissen wollte: das Gesetz Nr. 115 vom 8. Mai 1946. Es bestimmte in § 1: »Eine Handlung, die in der Zeit vom 30. September 1938 bis zum 28. Oktober 1945 vorgenommen wurde und deren Zweck es war, einen Beitrag zum Kampf um die Wiedergewinnung der Freiheit der Tschechen und Slowaken zu leisten, oder die eine gerechte Vergeltung für die Taten der Okkupanten oder ihrer Helfershelfer zum Ziele hatte, ist auch dann nicht widerrechtlich, wenn sie sonst nach den geltenden Vorschriften strafbar gewesen wäre.«

Der Jurist Benesch hatte für die Mörder von Brünn und Aussig vorgesorgt. Ihre Verbrechen fanden alle *vor* dem 28. Oktober 1945 statt.

Danach kamen andere Verbrechen: die Zerstörung der tschechoslowakischen Republik und die Machtübernahme der Kommunisten. Damit endete auch die aktive Zeit Beneschs. Seine Dekrete aber überdauerten die Herrschaft Stalins, den Prager Frühling und den Zusammenbruch des Kommunismus in Prag.

52.
War der Deutschenhass der Tschechen rätselhaft? Oder nur gut organisiert?

In der Geschichte der Vertreibungen nimmt das Sudetenland einen ganz besondern Platz ein. Eine Fluchtbewegung bei eisigem Frost wie in Ostpreußen und Schlesien gab es praktisch nicht, das Martyrium der Sudetendeutschen begann bei strahlendem Wetter, ab dem 5. Mai 1945.

An diesem Tag war der Krieg mit der Kapitulation im Westen praktisch zu Ende. Das »Reichsprotektorat Böhmen und Mähren« war von Luftangriffen und Kriegshandlungen nahezu vollkommen verschont geblieben, war des »Reiches Luftschutzbunker und Rüstungsschmiede«, in der viele tschechische Arbeiter ohne Anzeichen von Sabotage, Widerstand oder Partisanentätigkeit arbeiteten. Die Tschechen waren vom Kriegsdienst freigestellt, bekamen die gleichen Lebensmittelkarten wie die Reichsdeutschen, aber das Lebensmittelangebot war sogar reichhaltiger, besonders bei Obst und Gemüse. Viele Reichsdeutsche kauften hier ein, wenn sie durchreisten oder dort arbeiteten. Die meisten Tschechen sprachen etwas Deutsch, was die Älteren noch von der österreich-ungarischen Zeit her kannten. Sie lebten also verhältnismäßig unbehelligt, abgesehen von der Tatsache, dass sie sich in einer Diktatur befanden, aber der waren die Sudetendeutschen genauso ausgesetzt wie die Tschechen.

Das Verhältnis zwischen Deutschen und Tschechen wird von allen Augenzeugen als gut, wenn auch kühl geschildert, es gab keine oder kaum eine organisierte Partisanentätigkeit wie in Griechenland und auf dem Balkan und infolgedessen auch keine Repression, bis zu dem tödlichen Attentat auf »Reichsprotektor Heydrich«, das nicht einmal im Land selbst geplant und vorbereitet wurde, sondern von den Londoner Exiltschechen exekutiert werden musste, die mit Fallschirmen aus einem englischen Flugzeug absprangen. Und damit die Zerstörung des Dorfes Lidiče auslösten, wo die Attentäter übernachtet hatten. Alle 186 männlichen Bewohner über 15 Jahre wurden erschossen, die Frauen deportiert, die Kinder in Heime gegeben, das Dorf dem Erdboden gleichgemacht.

Dies löste natürlich Angst und Zorn unter der Bevölkerung aus, aber kaum neuen Widerstand, auch nicht gegen die gegen Ende des Krieges angesetzten Judendeportationen, hier war eher die Erleichterung vorherrschend, nicht selbst davon betroffen zu sein, worüber Gerüchte kursierten. Dagegen gab es, mehr als anderswo, zahllose Kollaborateure. Etwa zwei Millionen Tschechen waren in NS-nahen Organisationen, von denen einige sich bei den späteren Pogromen gegen Deutsche besonders unrühmlich hervortaten, vielleicht, um nicht selbst Opfer zu werden.

Viele Deutsche und Tschechen glaubten, es werde alles gut werden nach dem Krieg. Irgendwie glaubte man, das Leben werde so weitergehen wie vor dem Krieg, der das Land wenig getroffen hatte. Hitler war besiegt und Deutsche und Tschechen würden wieder zusammenleben, dachten sie. Selbst der Einmarsch der Russen, die die Amerikaner in Böhmen vereinbarungsgemäß ablösten, verlief ohne Schrecken, da es keine Kampfhandlungen mehr gab und zu Vergewaltigungen und Plünderungen von der sowjetischen Führung nicht mehr ermutigt und diese auch nicht mehr geduldet wurden.

Doch ein Zusammenleben, gar eine Versöhnung, war wahrscheinlich nicht im Sinne Beneschs. Die ethnische Säuberung und damit die Vertreibung der Deutschen – und Ungarn – war ja seit 1918 das Ziel seines Lebens gewesen. Noch im Exil hatte Eduard Benesch in seiner Rundfunkrede an die Tschechoslowaken über BBC am 27. Oktober 1943 gesagt: »In unserem Land wird das Ende des Krieges mit Blut geschrieben werden.« Und General Ingr, der Befehlshaber der tschechischen Legion im Exil, erklärte am

3. November 1944 im Londoner Rundfunk über die Sudetendeutschen: »Wenn unser Tag kommt, wird die ganze Nation dem hussitischen Schlachtruf folgen: ›Schlagt sie, bringt sie um, lasst keinen am Leben!‹« Diese ganz offen zu Verbrechen gegen die Menschlichkeit auffordernden Reden wurden in Brünn und Aussig und an ungezählten anderen Orten grausige Wirklichkeit.

Am Ende konnte Staatspräsident Benesch am 14. Oktober 1945 in Melnik verkünden:

»In letzter Zeit werden wir aber in der internationalen Presse kritisiert, weil die Umsiedlung der Deutschen bei uns in einer unwürdigen und unzulässigen Weise durchgeführt werde. Wir würden angeblich einfach die Nazisten in ihren grausamen, unzivilisierten Methoden nachahmen. Mögen diese Vorwürfe vielleicht in Einzelheiten wahr sein oder auch nicht, ich erkläre ganz kategorisch: Unsere Deutschen müssen ins Reich fortgehen, und sie werden in jedem Falle fortgehen.«

Sie gingen alle. Unter welchen Umständen dies geschah, darüber berichtete 1950 der Untersuchungsausschuss des amerikanischen Repräsentantenhauses »*Expellees and Refugees of German Ethnic Origin*«:

»Ungefähr eine Viertelmillion Sudetendeutscher wurde auf unmenschliche Weise durch selbstständige Aktionen von ›Partisanen‹ aus den Grenzgebieten nach Deutschland vertrieben ... Die übrigen etwa 2,5 Millionen wurden Ende 1945 und 1946 nach Deutschland geschickt, und zwar durch eine organisierte Umsiedlung, die von der tschechoslowakischen Regierung durchgeführt wurde. Die Verhältnisse waren so, dass keine dieser Unternehmungen als human und geregelt bezeichnet werden kann.

Sudetendeutsche, die sich 1938 loyal gegen die Tschechoslowakei verhalten hatten und deshalb unter dem Naziregime gelitten hatten, wurden zum größten Teil ebenfalls von der Vertreibung betroffen.«

Tatsächlich durften von 1945 bis 1947 Antifa-Leute mit

Möbeln ausreisen, vier Familien ein Güterwaggon, ca. 50.000 von 3,5 Millionen, und wo kamen sie hin als gute Antifaschisten? In die SBZ, die spätere DDR. Selber schuld. Ausgewiesen wurden sie auch. Weil sie Deutsche waren.[99]

Im Jahre 1946 transportierten 1111 Eisenbahnzüge 1.183.370 Ausgewiesene aus der Tschechoslowakei, Ungarn und Jugoslawien in die amerikanische Zone. Sie wurden oft noch vor der deutschen Grenze auf der Fahrt ausgeraubt, sodass sie statt der erlaubten 30 Kilogramm Gepäck und einem Geldbetrag bis zu 1000 Reichsmark kaum mehr in den Westen brachten, als sie auf dem Leib hatten.

Aber sie hatten Glück. Sie wurden in ein paar Jahren Teil der Gesellschaft der neuen Bundesrepublik. Besonders vorbildlich kümmerte man sich in Bayern um die Sudetendeutschen, wo man auf ehemaligen Übungsplätzen der Wehrmacht und anderen Staatsbesitzungen ganze sudetendeutsche Siedlungen und Ortschaften erbaute und die Neugründung von Gewerbebetrieben förderte.

750.000 ihrer Landsleute hatten weniger Glück. Sie wurden in die Sowjetzone verschickt. Sie mussten später noch einmal fliehen, wenn sie die kommunistische Mangelwirtschaft und den Terror der SED nicht ertragen wollten. In der Sowjetzone, die sich eines Tages DDR nannte, war die Bezeichnung Flüchtling oder Vertriebener durch Anordnung der Sowjetischen Militäradministration vom 8. Oktober 1945 verboten. Die vertriebenen Deutschen hießen dort Umsiedler. Orwell-Sprache in Deutschland.

Auch Benesch verbot die Benutzung des Wortes Vertreibung (»yhnání«). Stattdessen wurde stets das diffamierende Wort »odsun« = Abschub verwendet, womit man in früherer Zeit die Ausweisung illegal zugewanderter und straffällig gewordener Landstreicher bezeichnet hatte. Der sozialdemokratische Politiker Wenzel Jaksch schrieb dazu: »Dieses Wort Abschub ist der altösterreichischen Polizeisprache entnommen. Es diente als Akteneintragung, wenn irgendein Landstreicher in seine Heimatgemeinde abgeschoben wurde. Die Übertragung dieses Begriffs auf den Heimatraub an vier Millionen Menschen ist ein sprachliches Nachkriegsverbrechen.«[100]

Eine Million Sudetendeutsche haben den »Abschub« nicht überlebt.

53.
Ohne Schuhe und Gepäck in den Westen.
Die »geordneten« Vertreibungen

Meine Großmutter aus Danzig kam erst 1947 in den Westen. Sie hatte die Vergewaltigungen der ersten Zeit erlebt und den Tod meines Großvaters verkraften müssen. Von ihren Kindern im Westen bekam sie lange Zeit kein Lebenszeichen. Die Häuser in der Altstadt waren zerstört. Eines Tages war sie in unsere Wohnung in Danzig-Langfuhr gegangen, zu der sie einen Schlüssel hatte. Dort lebte ein polnisches Arztehepaar. Sie durfte im Kinderzimmer wohnen und dafür als Putzfrau und Sprechstundenhilfe arbeiten, obwohl sie nur *guten Tag* und *bitte* auf Polnisch sagen konnte, das genügte für den Empfang der Patienten, die in unserem Wohnzimmer warteten und im Arbeitszimmer meines Vaters behandelt wurden. Die Arztfamilie, die aus dem russischen Teil Polens kam, fand die Wohnung luxuriös. Sie konnte ihr Glück kaum fassen. Alle polnischen Familien hatten jetzt deutsche Dienstmädchen und Putzfrauen, manche sogar mehrere. Nicht alle wurden gut behandelt.

Meine Großmutter hatte es gut, sie bekam sogar Lebensmittelmarken, wenn auch nur die reduzierten Rationen für die Deutschen. Sie schlug sich so durch, konnte sich mit dem Nötigsten versorgen und sich satt essen.

Als die Ausweisungen kamen und sie zu uns in den Westen durfte, hatte sie Geschenke für uns eingepackt, sogar Lebensmittel, weil sie wusste, dass damals, 1947, auch in der englischen Besatzungszone bitterer Hunger herrschte. Die Ausweisung in den Westen war für sie eine Fahrt ins Ungewisse, aber sie war erleichtert, wieder irgendwo in Deutschland zu sein, wo man nicht überall auf der Straße beschimpft wurde, weil man Deutscher war.

Der Zug war einer jener Transporte, die nach den Vereinbarungen der polnischen Regierung mit der englischen Rhein-Armee vom 14. Februar 1946 organisiert war, es war eine jener »geregelten, ordnungsgemäßen und humanen Vertreibungen«, wie sie das Potsdamer Abkommen vorsah. Insgesamt 1.360.000 Ostpreußen, Pommern und Danziger wurden in die britische Zone »verfrachtet«, mit Güterzügen von je 55 Wagen.

Als meine Großmutter an dem ersten deutschen Grenzbahnhof ankam, hatte sie nicht einmal mehr Schuhe, eine leere Kunststoff-Handtasche und kein Gepäck, sondern nur das, das sie auf dem Leib getragen hatte. Kurz vor der Grenze war der Zug von polnischen »Partisanen« angehalten und die 1500 Insassen aus Danzig vollständig ausgeplündert worden. Die jugendlichen Banditen nahmen sich noch die Zeit, zwischen dem Ausplündern der Menschen ein paar der jungen Mädchen zu vergewaltigen, dann konnte der Zug, nach einem Aufenthalt von acht Stunden, weiter in Richtung Westen fahren. Das polnische Zugpersonal und die Miliz waren machtlos, unternahmen aber auch nichts, sie waren solche »Partisanen«-Überfälle längst gewohnt.

Sie waren die Regel. Von der Ostsee bis zum Sudetenland. Tausende von Flüchtlingen haben darüber berichtet. Bei der Ausreise aus Polen ebenso wie aus der ČSSR. Die Flüchtlinge waren ja rechtlos. Und niemand im Ostblock konnte sie schützen oder wollte es auch. Das war die humane und ordnungsgemäße Vertreibung, wie sie die »Großen Drei« in Potsdam in Artikel XIII vereinbart hatten.

Den zwölf Millionen Flüchtlingen und Vertriebenen, die bis 1949 in den Westen kamen, folgten bis 1994 noch einmal 3,5 Millionen Aussiedler. Außerdem flohen aus dem Gebiet der Sowjetzone, der späteren DDR, bis Ende 1989 4,6 Millionen. 20 Millionen Deutsche verloren ab 1944 Heimat, Vermögen und Land. 2.167.000 Menschen verloren durch Flucht und Vertreibung ihr Leben. Fast alle waren Frauen, Kinder und Greise.

54.
Ein Kriegsverbrechen
und kein Tribunal

Zwangsumsiedlungen hatte es im 20. Jahrhundert auch vorher schon gegeben. Die Vertreibung der 1,5 Millionen kleinsasiatischen Griechen aus ihrer Heimat hatte Roosevelt als Vorbild erwähnt. Stalin deportierte in den 20er- und 30er-Jahren einige Millionen seiner russischen Landsleute, die ihm unzuverlässig erschienen, in die Öd- und Permafrostgebiete Asiens. Geahndet wurden diese Verbrechen nie.

Ebenso wie die Deportation und Ermordung der europäischen Juden durch die Nationalsozialisten ist auch die Vertreibung der Deutschen und die Ermordung von 2,2 Millionen dieser Flüchtlinge ein einmaliges Ereignis in der neueren Geschichte, das jede bisher gekannte geschichtliche Dimension sprengt. Hitlers Deportationen und die Ermordung der europäischen Juden wurden im Nürnberger Prozess als Kriegsverbrechen oder Verbrechen gegen die Menschlichkeit verurteilt. Zu Recht. Zu Recht nach dem Gerechtigkeitsempfinden der vertriebenen Völker und formal rechtens Kraft eines neuen, nachträglich geschaffenen Gesetzes über die Verurteilung von Kriegsverbrechen, nicht ganz unzutreffend »Siegerrecht« genannt.

Doch dieses in Nürnberg geschaffene Recht musste, wenn es dauerhafte Billigung der Völker finden wollte, normativ werden und durfte nicht nur für eine beschränkte Gruppe von Menschen angewandt werden und für andere nicht. Zwar wurden wegen der Schwere der Verbrechen der Nationalsozialisten und mit der moralischen Parteilichkeit, die Richter und Ankläger der Nürnberger Prozesse beherrschte, alle Anträge der Verteidigung, die sowjetrussischen und alliierten Kriegsverbrechen wie den unbeschränkten Bombenkrieg gegen die Zivilbevölkerung und die Vertreibungsverbrechen wenigstens zu Protokoll zu nehmen, abgelehnt – von einem Gericht, das schließlich aus Vertretern der beschuldigten Siegermächte bestand, einschließlich der Russen.

Aber der Gedanke eines übergreifenden Rechts, nach der alle Kriegsverbrechen strafbar sein müssten, lebt mit der Einrichtung des Internationalen Gerichtshofs in Den Haag fort. Nach diesem Recht werden die Kriegsverbrechen der Serben und Kroaten von 1997 bis 1999 abgeurteilt, steht der serbische Diktator Milošević vor Gericht.

Dürfen die Kriegsverbrechen der alliierten Bomberkommandos, die Massenmorde und Vergewaltigungen der Roten Armee, die Vertreibungsverbrechen der Tschechen und Polen nach einem anderen Maßstab beurteilt werden?

Über die Vertreibung der 15 Millionen Deutschen urteilte der englische Philosoph und Mathematiker Bertrand Russel schon am 23. Oktober 1945 in der Londoner *Times*:

»In Osteuropa werden jetzt Massendeportationen von unseren Alliierten durchgeführt in einem beispiellosen Rahmen und ein offensichtlich vorsätzlicher Versuch wird unternommen, viele Millionen Deutsche auszurotten, nicht durch Gas, sondern indem man ihnen ihre Häuser und Nahrung wegnimmt, um sie einen langsamen quälenden Hungertod sterben zu lassen.

Sind Massendeportationen Verbrechen, wenn sie während des Krieges von unseren Feinden begangen werden, und gerechtfertigte Maßnahmen sozialer Regulierung, wenn sie durch unsere Alliierten in Friedenszeiten durchgeführt werden? Ist es humaner, alte Frauen und Kinder herauszuholen und in der Ferne sterben zu lassen, als Juden in Gaskammern zu ersticken?«

Solange in unserem Land Trauer und Mitgefühl strafrechtlich bewehrt und das Leugnen geschichtlich gesicherter Tatsachen mit Gefängnis bestraft werden, möge nicht nur das »Holocaust-Leugnen«, sondern auch das Leugnen des Bombenterrors und der Vertreibungsverbrechen, der

Todesmärsche und Vernichtungslager ein Straftatbestand werden. Nicht nur das Auschwitz-Leugnen, auch das Katyn-Leugnen, Dresden-Leugnen, Nemmersdorf-Leugnen, Brünn-Leugnen muss strafbar werden.

Was wir brauchen, ist nach rund 57 Jahren eine kühle, leidenschaftslose Beschreibung dessen, was zwischen 1943 und 1948 in Deutschland geschah, wie wir der Welt mitspielten und wie uns die Siegermächte mitspielten. Jenseits der Larmoyanz einiger Opfervertreter und dem rechthaberischen Ton der Aufrechnung. Von daher ermitteln wir für heute die Notwendigkeit einer »selbstbewussten Nation«.

SCHLUSSKAPITEL

55.
Die selbstbewusste Nation

Wie ist das Deutschlandbild eines, wie wir seit der Pisa-Studie wissen, ohnehin nur mittelmäßig gebildeten deutschen Schülers? Wie werden die mit viel Internet und wenig Geduld schließlich doch ihr Abitur machenden Schüler als Studenten weitergebildet? Was wissen unsere Studenten über Deutschland?

Dass es vor 1800 gar nicht existierte, von da ab einen verhängnisvollen Weg in die Zukunft einschlug, unter Bismarck mit Blut und Eisen bereits Großmachtgeltung auf Kosten fremder Völker erstrebte und erst recht unter dem späteren Kaiser Wilhelm I., dem »Hunnenkaiser«, den Ersten Weltkrieg vorbereitete und anzettelte, als dessen Folge Hitler den Zweiten Weltkrieg auslöste und unsägliches Leid über Millionen Menschen brachte. Warum Hitler gewählt wurde und mit welchem parlamentarischen Mechanismus er an die Macht gelangte, bleibt den nachkommenden Generationen, die über keine eigenen Erfahrungen aus dieser Zeit mehr verfügen, unklar, rätselhaft. Sie hätten ihn nicht gewählt.

Wie war es nur möglich!, sagen alle Schulklassen nach dem Besuch der KZ-Gedenkstätten oder der Wehrmachts-Ausstellung. Gleich, ob sie die grob verfälschenden Bildermontagen der Reemtsma-Schau von 1998 gesehen haben oder die reformierte, von einigen der gröbsten Fälschungen befreite Fassung von 2002.

Eine Generation und nun schon deren Kinder, die seit 1968 gelernt haben und in fast allen Schulen noch heute dazu angehalten werden, weder den Erzählungen ihrer Eltern noch ihrer Großeltern Glauben zu schenken, dafür aber *Spiegel*, *stern* und *Monitor* für sichere Informationsquellen zu halten, den Moderator Ulrich Wickert für einen überparteilichen Fachmann und den dauerbetrübten Bednarz für einen nachdenklichen Wahrheitssucher. Unsere Kinder und Enkelkinder stellen sich die Zeit zwischen 1939 und 1945 als eine freudlose, wirre Zeit des Elends und des Terrors vor, eine Welt, in der die Menschen ständig marschierten, Juden in die Gasöfen transportierten und dazu Sieg-Heil riefen, Hitlerreden hörten – von denen sie einige Sekunden sich überschreiende, röhrend verstärkte Sequenzen kennen – und danach wieder Marschmusik hörten, marschierten und wieder »Sieg-Heil« brüllten. Möchten Sie Kind oder Enkelkind von solchen Leuten sein?

Wie konntet ihr das nur zulassen, Papi? Wie konnte das nur geschehen? Die jungen Leute – die dritte Generation nach der *Umerziehung* – ist, über das Dritte Reich und seine Bewohner befragt, sprachlos. Wie war das möglich, Opa?

Da muss man lange ausholen, wenn man das seinen Kindern und Enkelkindern erklären will. Man muss ihnen erklären, dass auch wir, ihre Eltern und Großeltern, unter Hitler in einem Unrechtsstaat lebten, der genauso skrupellos und mörderisch war wie die Sowjetunion unter Stalin. In einer Diktatur, die wir nicht gewählt hatten. Unsere Eltern oder Großeltern hatten vielleicht zu den 33,56 Prozent der Wähler gehört, die bei der letzten freien Reichstagswahl am 6. November 1932 Hitler wählten und so die NSDAP zur stärksten Partei machten.

Da auch die stalinistische KPD knapp 20 Prozent der Stimmen erhalten hatte und also eine »negative Mehrheit« der totalitären Parteien entstanden war, blieb dem Reichspräsidenten Hindenburg nach einiger Zeit keine andere Wahl, als Hitler mit der Bildung einer Regierung zu beauftragen, zusammen mit den Konservativen. Bei der darauf folgenden Reichstagswahl im März 1933 schenkten 43 Prozent der Wähler Hitler das Vertrauen und ermächtigten ihn damit – die KPD war nach dem Reichstagsbrand verboten –, mit Zustimmung des Parlaments die parlamentarische Demokratie bis zum Juli 1933 Stück für Stück abzuschaffen und eine Diktatur zu errichten.

Hier endet unbezweifelbar die Schuld jener 13 Millionen wahlberechtigten Urgroßväter und Großmütter von 1932, die Hitler gewählt hatten. Nicht, weil er versprochen hatte, Juden zu ermorden, sondern die Arbeitslosigkeit zu beseitigen – über die Hälfte seiner Neuwähler hatte vorher KPD gewählt[101]. Diesen Urgroßeltern wäre höchstens der Vorwurf zu machen, dass sie nicht spätestens 1934, hellsichtig den Krieg und die späteren Deportationen und Kriegsverbrechen vorausahnend, den Kampf gegen die Diktatur aufnahmen und, selbst Gefängnis, Folter und Tod nicht scheuend, versuchten, Hitler zu stürzen. Gegen Gestapo, Polizei, Justizwillkür und den Terror auf den Straßen – die SA errichtete bereits die ersten »wilden« Konzentrationslager. Es bestünde die Schuld der Deutschen also darin, keine Helden des Widerstands gewesen zu sein. Wer in welchem Land der Erde wirft da den ersten Stein?

Wir, die heute Siebzigjährigen, waren damals Kinder. Wir waren in die Diktatur hineingeboren und wuchsen in ihr auf. Wir besaßen nie die Freiheit, keine freie Presse, keine Parteien, keine freien Zeitungen und Rundfunkprogramme und schon gar keine 50 Fernsehprogramme oder ein Internet. Trotzdem lebten wir nicht ständig in einem Ausnahmezustand. Wir lebten, wie ihr, in einem Alltag. Unser Alltag bestand nicht in Hitlerreden und Marschmusik. Wir hörten Tanzmusik oder Swing, oft im englischen Rundfunksender. Wir begeisterten uns nicht für Hitler, sondern für die Nachbarstochter. Wir gingen zur Schule, gingen ins Kino oder in die Eisdiele und auf den Sportplatz, verliebten uns und schrieben Gedichte, fuhren im Sommer an die See oder in die Berge. Unser Problem bestand darin, uns eine lange Hose zu beschaffen, damit wir trotz Jugendverbot ins Kino eingelassen wurden, um Kristina Söderbaum nackt im Wasser planschen zu sehen. Manche schwärmten auch für Zarah Leander oder Marika Rökk.

Wir haben in diesem Buch sehr viel über die Umerziehung der Deutschen nach 1945 gehört. Die englischen und amerikanischen Umerzieher und die deutschen Emigranten, die ihnen halfen, waren nicht deutschfeindlich. Sie hatten Angst vor Deutschland, obwohl es am Boden lag, die Juden unter ihnen besonders. Doch Angst ist kein guter Ratgeber. Schweigegebote und Tabus auch nicht. Das Verbot, über die Bombenopfer und die Vertreibungsopfer zu sprechen, war falsch.

Die amerikanischen Umerzieher und ihre deutschen Nachfolger von 1968 wollten, dass nie wieder von deutschem Boden ein Krieg ausgeht. Deshalb wollten sie ein ganzes Volk erziehen. Aber indem sie dem ganzen Volk 57 Jahre lang verboten haben von den Kriegsverbrechen und dem Völkermord an den Deutschen zu sprechen, die Millionen Opfer des Bombenkriegs und der Vertreibung zu betrauern, haben sie es deformiert. 57 Jahre lang war es verpönt und unerwünscht, von den Bomben auf Dresden zu sprechen, von dem Todesmarsch von Brünn und dem Untergang der »Wilhelm Gustloff«. Dieser unheilvolle Trend schlägt gerade um. Wir befinden uns in einer Übergangszeit. Weil so viel verschwiegen wurde, wird nichts mehr geglaubt. Die Sechzehnjährigen suchen die Wahrheit im Internet und finden die Webseiten der Neonazis.

Bevor neues Unrecht gegen das alte aufsteht, muss man unseren Kindern und Enkelkindern eine Antwort auf ihre Fragen nach der deutschen Geschichte geben. Eine Antwort, mit der sie leben können, ohne sich selbst zu verbiegen.

Wir haben zwölf Jahre in einer Diktatur gelebt, die jeden von uns bedrohte, Juden genauso wie Kommunisten oder Sozialdemokraten und Offiziere und Mannschaften der Wehrmacht. Es war eine dunkle Epoche unserer Geschichte. Aber sie kann nur von einem selbstbewussten Volk verarbeitet werden und nicht von Menschen, die zur Anpassung, Verdrängung und Heuchelei erzogen wurden, Menschen, die sich selbst verachten.

Deshalb sagen wir es lieber heute als morgen denen, die nach uns kommen: Wir Deutsche haben eine vieltausendjährige Geschichte, auf die wir kritisch blicken müssen, aber auch genauso stolz sein dürfen wie Franzosen, Polen und alle anderen Völker Europas. Diese Geschichte war keineswegs eine Vorstufe und Vorbereitung zu Hitlers Drittem Reich, wie es uns *Daniel Jonah Goldhagen* und seine Anhänger weismachen wollten. Im Gegenteil. Es ist die Geschichte sehr freiheitsliebender und untereinander oft zerstrittener, selbstbewusster Menschen.

Unsere Kinder und Enkelkinder müssen wissen, dass es falsch war, die deutsche Geschichte als eine Vorgeschichte Hitlers darzustellen. Vielleicht geschah auch das in guter Absicht, aber für die Entwicklung eines freien Denkens war es verhängnisvoll.

Umerziehen hieß ab 1945 zum großen Teil auch umdeuten. An der Wahrheit herumfummeln. Nicht grob fälschen wie Stalins Erben. Aber *ver*fälschen, oft genug durch Verschweigen. Erinnerungen mit dem Weichzeichner verschwimmen und schließlich verschwinden lassen. Deshalb schrieb bis zum Februar 2002 kein deutscher Dichter bisher über den Untergang der »Wilhelm Gustloff«. Aber ein Volk ohne Gedächtnis ist auch ohne Zukunft. Es kann sich selbst nicht lieben.

Wir müssen uns der jahrtausendealten deutschen Geschichte nicht schämen. Die *ganze* Geschichte unserer Vorfahren, das bedeutet vor allen den ausgeprägten, fast schon zum Fanatismus neigenden Gerechtigkeitssinn wieder kennen lernen und ihre überstarke, fast schon kauzige Freiheitsliebe nicht zu übersehen, die schon Tacitus im 1. Jahrhundert unserer Zeitrechnung bei den mittelgermanischen Stämmen auffiel[102].

Sie *sind* unsere Vorfahren, die Vorbewohner unseres Landes. Die Germanenstämme zwischen Rhein und Oder, die Tacitus beschreibt, dürfen wir mit dem gleichen Recht als unsere Vorfahren ansehen, wie die heutigen Griechen die

Archäer, Jonier, Danaer und Pelasker, aber selbst die Mykener als ihre Vorfahren ansehen. Armin der Cherusker und der Dichter des Hildebrandsliedes sind so gut »Deutsche« wie Homer oder Sappho Griechen waren, griechisch dachten und griechisch schrieben.

Die mittelgermanischen Völker, die zur Zeit des Tacitus zwischen Rhein und Oder lebten, *sind* nicht nur wegen ihrer Wohnsitze die Vorfahren der Deutschen. Sie haben uns nicht nur ihre Sprache, das *Diutisc*, nur wenig verändert und mit den charakteristischen, sonst nirgendwo vorkommenden Eigenarten (Betonung auf der Stammsilbe zum Beispiel) hinterlassen, das von der Ostseeküste bis ins kleinste Alpendorf verstanden wird. Sie wohnten auf dem Gebiet der heutigen Bundesrepublik, sie wanderten nicht aus nach Afrika oder Spanien wie die Nordgermanen, sie *waren* und sind unsere leibhaftigen Vorfahren, die auf diesem Gebiet sesshaft waren.

Unsere Vorfahren hatten ein ausgeprägtes, auch von anderen antiken Schriftstellern als besonders empfindlich beschriebenes Gerechtigkeitsgefühl. Die Cherusker – auch in ihrer taktischen Klugheit und dem Erfindungsreichtum des Widerstands; die römischen Behörden sprechen von *Falschheit* – waren praktisch die ersten Partisanen in Europa. Wie der Vietkong kämpften sie für die Freiheit. Für das Recht, ohne römische Besatzung zu leben und ihr Leben selbst zu bestimmen.

Die Ereignisse der deutschen Geschichte zeugen kaum von der »eingeborenen Mordlust« der Deutschen, wohl aber von einer tief verwurzelten Abneigung gegen jede Einschränkung ihrer Freiheit – als dem höchsten Gut eines »Freien« im Gegensatz zu den Sklaven oder Hörigen[103]. Vom Sachsenaufstand gegen Karl den Großen bis zum Freischärlerkrieg gegen Napoleon.

Sich der Geschichte zu erinnern, das bedeutet auch, der Opfer unseres Volkes zu gedenken. Der Versuch, die kollektive Erinnerung der Deutschen an das Grauen des Bomben-

kriegs, an die Vertreibung der Deutschen aus den Ostprovinzen, die Ermordung von über zwei Millionen ihrer
Bewohner, die Gräuel der massenhaften Vergewaltigung
deutscher Mädchen und Frauen durch eine einseitige Ge-
schichtsklitterung zu »übermalen« oder auszulöschen, wirkt
nach den Kriegen und Vertreibungen der letzten Jahre selt-
sam unzeitgemäß und überholt. Zu fordern ist die Wie-
derherstellung der verfälschten, abgetriebenen, gestohlenen
geschichtlichen Erinnerung. Die Wiedergewinnung der
Identität. Die Aufhebung des Verbots zu trauern.

Dieses Verbot ist völkerrechtswidrig, wie die Vertreibung der mehr als 15 Millionen Deutschen es gewesen war.
Die Trauer um die Ermordeten darf nicht länger nur am Totensonntag, und auch da nur unter Auflagen, erlaubt sein.
Unter dem Verdacht des als Totschlagwort gegen Ernst
Nolte eingeführten Begriffs »Aufrechnung« ist diese Trauer
praktisch verboten, da ein öffentliches Bekenntnis dazu zur
Ausgrenzung, wenn nicht zum Ausschluss aus der Gesellschaft führt.[104]

Dieses Verbot sollte künftig missachtet werden. Von uns
allen. Es muss, nach 57 Jahren Schweigen, wieder erlaubt
sein, auch *unserer* Toten zu gedenken, sie zu betrauern, die
Erinnerung an die Todesmärsche und Vernichtungslager
von 1945 wachzuhalten und öffentlich daran zu erinnern.

Im Bereich der sowjetischen Militärherrschaft, in den
deutschen Ostprovinzen und der späteren sowjetischen Besatzungszone wurden über ein halbes Jahr lang, von Januar
1945 bis weit in den Juli, deutsche Frauen und Mädchen,
auch halbe Kinder und Greisinnen, Tag für Tag vergewaltigt, ohne dass es Sanktionen gegen die Täter gegeben hätte.
Erst im August 1945 wurden diese massenhaften Vergewaltigungen, die in allen Dörfern und Städten tägliche Praxis
waren, durch Anordnung der sowjetischen Militäradministration untersagt. Die Strafen für Übertretungen blieben
gering. Die seelischen und körperlichen Verletzungen von
geschätzten zwei Millionen Tag für Tag mit körperlicher

Gewalt missbrauchter Frauen – von denen sich viele das Leben nahmen – sind durch keine Entschuldigungen oder Entschädigungszahlungen wieder rückgängig zu machen, aber zynische Bemerkungen wie die eines ehemaligen hohen Sowjetoffiziers in einer Fernsehrunde vom Juni 2001: *»An einer Verwaltigung ist schließlich noch niemand gestorben!«* sollten wir uns in Zukunft verbitten – im deutschen Fernsehen.

Eine Entschädigung für alle an Unschuldigen begangenen Untaten ist nicht möglich. Ebenso wenig, wie die Zahlungen von deutschen Firmen, die in den USA tätig und also *erpressbar* waren, und die Zahlungen des deutschen Steuerzahlers an bestimmte New Yorker Anwälte, das den europäischen Juden angetane Unrecht sühnen oder wieder gutmachen können. Ein übergroßer Teil der Riesensumme – man spricht von 20 Prozent – ging ohnehin an die Anwälte und Organisationen. 10 oder 20 Prozent, so genau wollen wir es gar nicht wissen. Nebbich. Die Betroffenen erhalten Pfennigbeträge, oft noch verspätet, ausgezahlt.

Millionen europäischer Juden wurden Opfer des NS-Regimes. Millionen deutscher Vertriebener wurden Opfer des Kommunismus und polnischer, tschechischer und jugoslawischer Nationalisten. Die Ermordeten waren unschuldige Opfer. Vergleichen kann man die Leiden der Unschuldigen nicht. Ihre Leiden waren unvergleichlich. Für jeden Einzelnen von ihnen. Einmalig und singulär waren ihr Leiden und ihr Tod. Das Leiden und der Tod *aller* unschuldigen Opfer.

57 Jahre nach dem Ende des Zweiten Weltkriegs betrauern wir fast jede Woche und an unzähligen Orten die Opfer des Hitlerregimes. Ein fester Terminkalender verteilt die Ereignisse, Gedenkstunden, Gedenkfeiern, Ausstellungseröffnungen, Einweihungen und Gottesdienste über das ganze Jahr. Mahnmale, neue Museen, Gedenkstätten, Fernsehfilme und Bücher helfen beim Kampf gegen das Vergessen. Recht so. Das millionenfache Leid der unschuldigen Opfer der Hitlerdiktatur sollte nie vergessen werden.

Aber diese öffentliche Trauer ist eine selektive, eine geteilte Trauer. Denn auch viele Millionen unschuldiger Deutscher wurden Opfer des Krieges, der gegen das totalitäre Hitlerregime geführt wurde. Sie wurden ermordet und vertrieben, die meisten von ihnen durch ein nicht minder totalitäres Regime, das Stalins. Für diese Millionen von deutschen Opfern finden keine Feiern, keine Festakte und keine Gedenkstunden statt, kein nationales Mahnmal ist auch nur geplant. Das ist schlecht so.

Schlecht, schlecht, schlecht so.

ANMERKUNGEN

[1] Vgl. Albert Speers Aussage im Prozess gegen die Hauptkriegs-verbrecher vor dem Internationalen Militärtribunal Nürnberg 1947–1949, Sitzungsprotokolle (im Folgenden zitiert als IMT) Bde. I–XXII, Bd. XVI, S. 548, zitiert nach William S. Shirer, Aufstieg und Fall des Dritten Reiches, Köln o. J. (1961), S. 1007 f.

[2] Josef Goebbels: Tagebücher 1945. Die letzten Aufzeichungen, Hamburg 1977, S. 552.

[3] Darüber berichtet Hitlers Finanzminister, Schwerin von Kro-sigk, in seinen unveröffentlichten Tagebüchern, zitiert nach Allan Bullock: Hitler. Eine Studie über Tyrannei, Düsseldorf 1967, S. 771.

[4] Außer dem Tagebuch von Schwerin von Krosigk gibt es keinen Beweis dafür. Die Tagebücher von Goebbels brechen genau zwei Tage vor diesem Ereignis, am 10. April 1945, ab, eigentlich schon am 9. April. Am 10. April wird nur noch die militärische Lage beschrieben.

[5] Zitiert nach H. R. Trevor-Roper: The Last Days of Hitler, 2. Auflage, London 1950, S. 112 f.

[6] Albert Speer: Erinnerungen, Berlin 1974, S. 483.

[7] Oswald Spengler: Der Untergang des Abendlandes. Umrisse einer Morphologie der Weltgeschichte, 2 Bde., Bd. 2, München 1922, S. 267.

[8] Das Lied zur Fahnenweihe hieß: »Nun laßt die Fahnen fliegen. Grüßet die Fahnen, grüßet die Zeichen, grüßet den Führer, der sie schuf«; Text und Musik: Hans Baumann, Die Morgenfrühe, Potsdam 1936.

[9] Alan Bullock: Hitler und Stalin. Parallele Leben. Berlin 1991, S. 1147.

[10] Zitiert nach Rudi Dutschke: Versuch, Lenin auf die Füße zu stellen, Hamburg 1970. Karl Marx prägte für das russische Za-renreich den Begriff von der »asiatischen Despotie« und meinte damit eine besonders grausame Form von Herrschaft, die den Russen eigen sei. Rudi Dutschke sah die asiatische Despotie auch in der UdSSR lebendig.

[11] Volkssturm: Nach der berühmten Goebbels-Rede über den totalen Krieg gebildete paramilitärische Einheiten aus über 60-jährigen Männern und HJ-Jungen unter 16 Jahren. Da sie oft nicht einmal uniformiert waren, galten sie bei den Russen als Partisanen und wurden dementsprechend behandelt.

[12] Arno Klönne: Jugend im Dritten Reich. Die Hitlerjugend und

ihre Gegner, Köln 1999, S. 253 ff. Über das Kahlscheren der Haare und andere Maßnahmen der Streifen-HJ, S. 272 f.

[13] Alexander und Margarete Mitscherlich: Die Unfähigkeit zu trauern, 1. Auflage, München 1967, 15. Auflage als Taschenbuch 1998, S. 60 und 170 ff.

[14] Der Autor, Klaus Rainer Röhl, war damals Herausgeber von *konkret*. Hier wurden die Texte der Genannten abgedruckt und in einer Auflage von über 150.000 verbreitet.

[15] Angeblich Mitte März 1945 nach der Konferenz von Jalta.

[16] Russland hatte Anfang 2001 gegenüber dem Westen 42 Milliarden US-Dollar Schulden; 40 Prozent davon, ca. 17 Milliarden, entfielen auf Deutschland.

[17] Die Schätzungen der sowjetischen Kriegsopfer reichen von 12 bis 21 Millionen; vgl. Heinz Nawratil: Schwarzbuch der Vertreibung 1945 bis 1948, 6. Auflage, 1999, S. 213 und 231. Darunter befanden sich auch wohl zahlreiche Opfer des Stalinismus. Meyers Großes Taschenlexikon, Mannheim 2001, geht sogar von 27 Millionen aus.

[18] Reval ist der ältere Name. Tal-lin heißt eigentlich Tanlin = Dänenstadt. Vgl. Klaus Rainer Röhl: Fremde Heimat Estland. Spurensuche im Land der Balten, in: Deutsches Phrasenlexikon, München 2001.

[19] Theodore N. Kaufman: Germany must Perish!, Newark, New Jersey 1941, S. 28 f.

[20] Das Buch wurde Ende 1940 gedruckt. Ein Belegexemplar von »Germany must Perish!« wurde bereits am 28. Februar 1941 bei der Kongressbibliothek in Washington hinterlegt.

[21] *Time* vom 11. März 1941.

[22] Wolfgang Diewerge: Das Kriegsziel der Weltplutokratie. Dokumentarische Veröffentlichung zu dem Buch des Präsidenten der amerikanischen Friedensgesellschaft Theodore N. (Nathan) Kaufman: Deutschland muß sterben! (Germany must Perish!), Berlin 1941. Das N. bedeutet übrigens nicht Nathan, sondern Newman.

[23] Zitiert nach Wolfgang Benz: Judenvernichtung aus Notwehr? Die Legenden um Theodore N. Kaufman, in: Vierteljahreshefte für Zeitgeschichte, 29. Jg., 1981, S. 615 ff. Dort finden sich noch mehr Belegstellen.

[24] Bis Mitte des Jahres 1941 war die Deportation aller Juden nach Madagaskar erörtert und teilweise schon in allen Einzelheiten geplant worden. Endgültig wird der Plan erst im September 1941 fallen gelassen. Am 20. Januar 1942 findet die Wannsee-Konferenz statt.

25 Zur Pressekonferenz: Bundesarchiv Koblenz, Sammlung Sänger, Zsg. 102/33, S. 89–90.

26 Zitiert nach John Morton Blum: Deutschland, ein Ackerland? Morgenthau und die amerikanische Kriegspolitik 1941–1945, Düsseldorf 1968, S. 215.

27 Eigentlich die erbliche Veranlagung zum Kriegerischen.

28 *New York Times* vom 11. Oktober 1944.

29 So der Morgenthau-Gegner Senator Thomas E. Dewey; siehe Wolfgang Benz: Judenvernichtung aus Notwehr?, a. a. O.

30 Louis Nizer: What to do with Germany?, New York 1944.

31 Nachdem der US-Kriegsminister Stimson bei einem Essen im Haus von Morgenthau die Befürchtung geäußert hatte, dass nach der Zerstörung des Ruhrgebiets 30 Millionen Deutsche dem Hungertod preisgegeben sein würden, bemerkte Morgenthau nach seinem eigenen Tagebuch: »Ich bin dafür, zuerst zu zerstören, um die Bevölkerung werden wir uns dann in zweiter Linie Sorgen machen«, zitiert bei John Morton Blum: From the Morgenthau Diaries. Years of War 1941–1945, Boston 1967; deutsch: Deutschland, ein Ackerland? Morgenthau und die amerikanische Kriegspolitik 1941–1945, Düsseldorf 1968, S. 215.

32 Zitiert nach Alfred M. de Zayas: Die Anglo-Amerikaner und die Vertreibung der Deutschen, München 1977, S. 38.

33 Theodore N. Kaufman: No More German Wars! Being an Outline of Suggestions for Their Permanent Cessation, Newark, New Jersey, o. J. (1942).

34 Zitiert nach Caspar von Schrenck-Notzing: Charakterwäsche. Die amerikanische Besatzung in Deutschland und ihre Folgen, 6. Auflage, Stuttgart 1971, S. 132–143.

35 Kurt Schumacher: Referat für den Parteitag der SPD, August/September 1948, in: W. Albrecht (Hrsg.): Kurt Schumacher. Reden – Schriften – Korrespondenzen 1945–1952, Berlin/Bonn 1985.

36 So der Titel eines der wenigen deutschen Bücher über die Umerziehung, in dem die Tätigkeit der alliierten Kommissionen ausführlich und sehr materialreich beschrieben wird; Caspar von Schrenck-Notzing, a. a. O.

37 Zitiert nach Ulrich Raulff: In Würde, *FAZ* vom 28. Januar 1999.

38 Lorenz Jäger: Adorno über Dresden. Bomben und Interpretationen, *FAZ* vom 24. November 2001.

39 So in dem damals erschienenen Bestseller über den in der amerikanischen Besatzungszone benutzten Fragebogen; Ernst von Salomon: Der Fragebogen, Hamburg 1951.

40 Zum Thema Kollektivschuld vgl. auch Ralph Giordano: Die

Zweite Schuld oder Von der Last, Deutscher zu sein, Hamburg/
Zürich 1987; Victor Gollancz: Unser bedrohtes Erbe, London
1946; Russel Grenfell: Bedingungsloser Haß?, Tübingen 1954;
Friedrich Wilhelm Rothenspieler: Der Gedanke der Kollektivschuld in juristischer Sicht, Berlin 1982.

[41] Hierzu ausführlich Klaus Rainer Röhl: Nähe zum Gegner.
Kommunisten und Nationalsozialisten im Berliner BVG-
Streik von 1932, S. 93; ders.: »Lebenslüge Antifaschismus«, in:
Linke Lebenslügen. Der lange Marsch durch die Illusionen,
München 2001.

[42] Rudolf Walther: Nation. Die Erfindung der Vergangenheit
durch die Gegenwart, *DIE ZEIT* vom 14. Januar 1994.

[43] Etwa 103 Milliarden insgesamt bis 1999, was, auf heutige Preis-
verhältnisse umgerechnet, ca. 212 Milliarden entspricht. Zitiert
nach Karl Doehring u. a.: Jahrhundertschuld – Jahrhundert-
sühne, München 2001.

[44] Nach der Formulierung des BGB »Menschen deutschen Blutes«, des Grundgesetzes »deutsche Volkszugehörigkeit«, womit zweifellos auch eine biologische Erbgemeinschaft gemeint
ist.

[45] Vgl. Klaus Rainer Röhl: Nähe zum Gegner. Kommunisten und
Nationalsozialisten im Berliner BVG-Streik von 1932, Frankfurt a. M., S. 215 ff.

[46] Zitiert nach Jochen von Lang: Krieg der Bomber. Dokumentation einer deutschen Katastrophe, Berlin 1986.

[47] Zwei deutsche Agenten waren von einem deutschen U-Boot an
der Küste von Maine mit einem Schlauchboot an Land gesetzt
worden und bis nach New York gelangt, wo sie verhaftet wurden, mit zahllosen gefälschten Dokumenten, einer Sendeein-
richtung und 57.000 Dollar im Gepäck. *Neue Zürcher Zeitung*
vom 3. Januar 1945.

[48] In die Literatur ging vor allem ein geheimnisvoller »Alter vom
Berge«, Scheich ul Dschibal, ein, der von Syrien aus wirkte.

[49] Giulio Douhet: Luftherrschaft, Berlin 1935.

[50] Erst 1981 wurde der Beweis erbracht, dass die Bombardierung
Freiburgs auf dem Versehen eines deutschen Fliegerleutnants
beruhte; vgl. Gerd E. Überschar und Wolfram Wette: Bomben
und Legenden, Freiburg 1981.

[51] Auf einer Fachtagung über den totalen Krieg in Hamburg am
3. September, die unter anderem von Jan Philip Reemtsma und
seinem »Institut für Sozialforschung« ausgerichtet wurde, wie-
sen Teilnehmer darauf hin, dass Hitler, stark geprägt durch Erfahrungen des Ersten Weltkrieges, von Anfang an alles daran-

setzte, für die deutsche Bevölkerung die Belastungen des Krieges möglichst gering zu halten. Zitiert nach *FAZ* vom 4. September 2001. Auch Hitlers strikte Ablehnung des Einsatzes von Giftgas selbst in der allerletzten Phase des Krieges beruhte auf seiner eigenen Kriegserfahrung. Er war 1917 nach einem Angriff der Franzosen mit Geldkreuzgas über ein halbes Jahr erblindet.

[52] Vgl. Joachim Hoffmann: Stalins Vernichtungskrieg 1941–1945, München 1999; Werner Maser: Der Wortbruch, Hitler, Stalin und der Zweite Weltkrieg, München 1994; Viktor Suworow: Der Eisbrecher. Hitler in Stalins Kalkül, Stuttgart 1989.

[53] Der Prozess gegen die Hauptkriegsverbrecher vor dem Internationalen Militärgerichtshof Nürnberg, Nov. 1945 bis 1. Okt. 1946, Nürnberg 1947, 23 Bde.

[54] Vgl. Antony Verrier: Bomberoffensive gegen Deutschland, Frankfurt a. M. 1970.

[55] Verrier, a. a. O.

[56] Wichtigster Bombertyp der USA, der viermotorige Langstreckenbomber Boeing B-29 Superfortress.

[57] Henssel jun. und Haywood, S.: The Air Plan, that defeated Hitler, Washington 1972.

[58] Desert Storm, Essential Harvest u. Ä.

[59] Gleich jenem Frankfurter Polizisten, der 1976 bei der Demonstration anlässlich des Todes von Ulrike Meinhof von einem ebenfalls mit Brandbeschleunigern gefüllten »Molotow-Cocktail« getroffen wurde und nur durch den beherzten Einsatz seiner Kollegen gerettet wurde, mit 60 prozentigen Verbrennungen seiner Haut, und der im Januar 2001 ohne Erfolg eine Strafanzeige gegen den heutigen Außenminister Joseph (Joschka) Fischer wegen Mordversuch erstattete. Vgl. Klaus Rainer Röhl: Linke Lebenslügen, 7., erweiterte Auflage, München 2001, S. 189 f.

[60] Zitiert nach Jochen von Lang, a. a. O., S. 125 ff.

[61] Wolfram Wette/Ricarda Bremer/Detlef Vogel (Hrsg.): Das letzte halbe Jahr. Stimmungsberichte der Wehrmachtspropaganda 1944/45, Essen 2001.

[62] Zitiert nach Armin Hermann: Ist die Natur verrückt? Werner Heisenberg, der Hohepriester der Quantentheorie, in: *FAZ* vom 1. Dezember 2001.

[63] Dies wurde im Juni 2001 auf einer Tagung über biologische Waffen im 21. Jahrhundert in Dresden bekannt; zitiert nach *FAZ* vom 17. Oktober 2001.

[64] Jagdeinsitzer Messerschmidt 262 A-1a, »Schwalbe«.

[65] Walter Kempowski: Der Rote Hahn, Dresden im Februar

1945. Augenzeugenbericht Bähr S. 19 ff., Bergander S. 257 f. und Flade S. 203 ff., München 2001.

[66] Das Statistische Bundesamt gibt die Zahl der Toten durch Luftangriffe auf dem Gebiet des Deutschen Reiches in den Grenzen von 1937 mit 593.000 an, ohne Österreich, Danzig und das Sudetenland. Mit diesen Gebieten zusammen sind es 653.000 Tote.

[67] Bundesministerium für Vertriebene (Hrsg.): Dokumentation der Vertreibung der Deutschen aus Ost-Mitteleuropa (Bonn 1953–1962, Bd. I, 1, S. 52 E); dazu Heinz Nawratil: Schwarzbuch der Vertreibung 1945 bis 1948. Das letzte Kapitel unbewältigter Vergangenheit, München 1999, 4., völlig überarbeitete Auflage von Heinz Nawratil: Vertreibungsverbrechen an Deutschen. Tatbestand – Motive – Bewältigung, München 1982.

[68] Guido Knopp: Die große Flucht. Das Schicksal der Vertriebenen, München 2001, S. 45 ff.

[69] Tessa Hofmann: Der Völkermord an den Armeniern vor Gericht, Göttingen 1980, Bildteil.

[70] Alexander Solschenizyn: Ostpreußische Nächte, Neuwied 1976.

[71] Dokumentation der Vertreibung, Bd. I, 1, a. a. O., S. 60 ff.

[72] Hans Graf von Lehndorff: Ostpreußisches Tagebuch, München 1980, S. 73.

[73] Dokumentation der Vertreibung, a. a. O.

[74] Kulturstiftung der deutschen Vertriebenen (Hrsg.): Vertreibung und Vertreibungsverbrechen 1945–1948, Bericht des Bundesarchivs vom 20. Mai 1974, Archivalien und ausgewählte Erlebnisberichte, Bonn 1989.

[75] Lew Kopelew: Aufbewahren für alle Zeit, Köln 1981.

[76] Die früheren Wohlfahrtsverbände wurden von den Nationalsozialisten unter dem Namen Nationalsozialistische Volkswohlfahrt (NSV) gleichgeschaltet.

[77] John Morton Blum: From the Morgenthau Diaries. Years of War 1941–1945, Boston 1967, S. 379 ff., zitiert nach Hermann Schild (Hrsg.): Das Morgenthau-Tagebuch, Leoni 1970, S. 154.

[78] Dokumentation der Vertreibung der Deutschen aus Ost-Mitteleuropa, bearbeitet von Theodor Schieder, Bonn 1953, Bd. I, 1, zitiert nach Frank Grube, Gerhard Richter (Hrsg.): Flucht und Vertreibung. Deutschland zwischen 1944 und 1947, Hamburg 1981.

[79] RAD = Reichsarbeitsdienst, in dessen Lagern um diese Zeit die militärische Grundausbildung stattfand.

[80] Siehe Heinz Schön: Die Gustloff-Katastrophe, 5. Auflage, Stuttgart 1999, S. 10 ff. und S. 436.

[81] Die Urlaubsorganisation »Kraft durch Freude« (KdF) veranstaltete Urlaubskreuzfahrten für Arbeiter zu einem besonders günstigen Preis. So kostete eine achttägige Norwegenreise 40 Reichsmark plus 10 Reichsmark für die Bahnfahrt bis Hamburg. Die »Wilhelm Gustloff« war als erstes KdF-Schiff neu gebaut worden und war ein Luxuskreuzschiff der Spitzenklasse, zu dem nicht jeder Karten bekam. Angaben nach Heinz Schön: a. a. O., S. 43 f. und 66.

[82] Zitiert nach Guido Knopp: Die große Flucht. Das Schicksal der Vertriebenen. München 2001, S. 140.

[83] Sowjetrussische Note an die Reichsregierung vom 17. Juli 1941.

[84] Bundesministerium für Vertriebene (Hrsg.): Dokumentation der Vertreibung der Deutschen aus Ost-Mitteleuropa, Bonn 1953–1962, Bd. I, 1, S. 295.

[85] Zahlen ohne Sudetendeutsche und Balkandeutsche.

[86] Bundesministerium für Vertriebene (Hrsg.): Dokumentation der Deutschen aus Ost-Mitteleuropa. Die Vertreibung der deutschen Bevölkerung aus den Gebieten östlich der Oder-Neiße, Bonn 1989, Neuausgabe im Weltbild Verlag, Augsburg 1995, Bd. I, I, S. 470 ff.

[87] Über die Zustände in solchen Folterlagern berichtet der amerikanische Historiker John Sack, selbst Jude, nach jahrelangen Recherchen bei Tätern und Opfern in seinem Buch »Auge um Auge. Die Geschichte der Juden, die Rache für den Holocaust suchten«, Hamburg 1995. Nachdem der Piper-Verlag auf Druck der amerikanischen Presse 6000 Exemplare des bereits gedruckten Buches einstampfen ließ, erschien das Buch in dem kleinen Kabel Verlag, Hamburg. Der Kabel Verlag gehört heute zur Piper-Verlagsgruppe.

[88] 28. März 1959. Der Kongress wurde einberufen vom Sozialistischen Deutschen Studentenbund (SDS) und der Internationale der Kriegsdienstgegner und hatte den Titel »Für Demokratie – Gegen Militarismus und Restauration«. Siehe Klaus Rainer Röhl: Fünf Finger sind keine Faust. Eine Abrechnung. Unveränderte Neuauflage von 1974, München 1998, S. 114.

[89] Tatsächlich hatte auch Churchill gegen Ende des Krieges diesen Gedanken an Hinrichtungen ohne Gerichtsverfahren erwogen, doch die USA waren dagegen, und so entschied man sich stattdessen für die Abhaltung der Nürnberger Prozesse. Zitiert nach Erich Schwinge: Summarische Exekutionen, Festschrift für Erich Schmidt-Leichner, München 1985 ff.

[90] Im Gespräch mit dem russischen Außenminister Sasanow in Rotterdam fordete Masaryk die Einverleibung des Sudetenlan-

des und des österreichischen Burgenlands – als slawischer Korridor. Zitiert nach dem sudetendeutschen SPD-Politiker Wenzel Jaksch: Europas Weg nach Potsdam, Stuttgart 1958, S. 130.

[91] *Süddeutsche Zeitung* vom 24. Januar 2002.

[92] Ebenda.

[93] Nawratil, 1998, a. a. O., S. 60.

[94] Thurnwald, Wilhelm (Hrsg.): Dokumente zur Austreibung der Sudetendeutschen, München 1951, S. 63 ff.

[95] SNB (»Wache der Nationalen Sicherheit«), eine Art Staatssicherheitsdienst aus angeblichen Partisanen und »bewährten Antifaschisten«, die oft erst nach Beendigung der Kampfhandlungen zu dieser Truppe gestoßen waren.

[96] Thurnwald, a. a. O., S. 123 f.

[97] Dokumentation, a. a. O., S. 44.

[98] Kulturstiftung der deutschen Vertriebenen (Hrsg.): Vertreibung und Vertreibungsverbrechen 1945–1948, darin: Dokumentation von Vertreibungsverbrechen, Bonn 1989, S. 45.

[99] Uwe Schneider: Die deutschen Antifaschisten in der ČSR im Jahre 1945, die Situation nach Kriegsende und Aussiedlung in die sowjetische Besatzungszone Deutschlands, in: Sudetendeutsches Archiv, Roland Hoffmann und Alois Hawasko (Hrsg.): ODSUN. Die Vertreibung der Sudetendeutschen, München 2001.

[100] Jaksch: Europas Weg nach Potsdam, a. a. O., S. 8.

[101] Vgl. Klaus Rainer Röhl: Nähe zum Gegner. Kommunisten und Nationalsozialisten im Berliner BVG-Streik von 1932, Frankfurt a. M. 1994, S. 215 ff.

[102] Hier wird von den durch die Schule der Umerziehung gegangenen Wissenschaftlern immer wieder vorgebracht, dass die »Germania« lediglich als eine Polemik gegen die Zustände in Rom aufzufassen sei und viele Eigenschaften der Germanen, wie zum Beispiel die Treue der Ehefrauen und andere Tugenden wie ihre Wahrhaftigkeit, übertrieben dargestellt wurden, um damit die Zustände der römischen Gesellschaft zu kritisieren. Dem ist zu entgegnen, dass Tacitus eine ganze Reihe von negativen Eigenschaften der Germanenstämme ausführlich schildert und auch von seinem Abscheu keinen Hehl macht. Die Beschreibung der Sueben und weiter östlich wohnenden Stämme und ihrer Anbetung der Nerthus lassen sich in gar keiner Weise in ein solch polemisches und erzieherisches Konzept einbringen, zeigen dagegen eine präzise Beobachtungsgabe oft aus erster Hand, wenn er zum Beispiel erkennt, dass die Esten

eine völlig andere (nämlich nicht indogermanische) Sprache haben, die den Autor an die der Ureinwohner Britanniens erinnert.

[103] Das heißt einer, der ga-hörig = gehorsam sein muss, also ein Leibeigener.

[104] Wie der im Ausland hoch angesehene Professor Ernst Nolte erfahren musste. Siehe auch die Fälle Steffen Heitmann, Charlotte Höhn, Philipp Jenninger und andere.

AUSWAHLBIBLIOGRAFIE

Albrecht, Willy (Hrsg.): Kurt Schumacher. Reden – Schriften – Korrespondenzen 1945–1952, Berlin/Bonn 1985

Arendt, Hannah: Elemente und Ursprünge totaler Herrschaft, Frankfurt 1955

Ahrens, Wilfried (Hrsg.): Verbrechen an Deutschen, die Opfer im Osten, 82054 Arget 1981 (enthält u. a. die zusammenfassende Dokumentation des Bundesarchivs über die Vertreibungsverbrechen)

Ahrens, Wilfried (Hrsg.): Verbrechen an Deutschen, Dokumente der Vertreibung, 82054 Arget 1983

Arbeitsgemeinschaft zur Wahrung sudetendeutscher Interessen: Dokumente zur Austreibung der Sudetendeutschen, München 1952

Backes, Uwe/Jesse, Eckhard/Zitelmann, Rainer (Hrsg.): Die Schatten der Vergangenheit. Impulse zur Historisierung des Nationalsozialismus. Frankfurt a. M./Berlin 1990

Barendamm, Dirk: Roosevelts Krieg, München 1993

Baring, Arnulf: Gründungsstufen, Gründungsväter – Der lange Weg der Bundesrepublik Deutschland zu sich selbst, in: Walter Scheel (Hrsg.): Nach dreißig Jahren. Die Bundesrepublik Deutschland – Vergangenheit, Gegenwart, Zukunft, Stuttgart 1979

Bartz, Karl: Als der Himmel brannte, Hannover 1955

Becker, Cajus: Flucht übers Meer, Oldenburg 1964

Benz, Wolfgang (Hrsg.): Die Vertreibung der Deutschen aus dem Osten, Frankfurt a. M. 1985

Benz, Wolfgang: Nachkriegsgesellschaft und Nationalsozialismus, in: Dachauer Hefte, November 1990, Heft 6, Erinnern oder Verweigern – Das schwierige Thema Nationalsozialismus

Benz, Wolfgang: Judenvernichtung aus Notwehr? Die Legenden um Theodore N. Kaufman, in: Vierteljahreshefte für Zeitgeschichte, 29. Jg., 1981

Blum, John Morton: From the Morgenthau Diaries, Years of War 1941–1945, Boston 1967, deutsch: Deutschland, ein Ackerland? Morgenthau und die amerikanische Kriegspolitik 1941–1945, Düsseldorf 1968

Bohmann, Alfred: Die Ausweisung der Sudetendeutschen, dargestellt am Beispiel des Stadt- und Landkreises Aussig, Marburg 1955

Bohmann, Alfred: Die deutsche Bevölkerung in der Sowjetunion, in: Außenpolitik 1961

Boldt, Gerhard: Die letzten Tage der Reichskanzlei, Reinbek 1964

Brand, Walter: Die sudetendeutsche Tragödie, Nürnberg 1949

Breyvogel, Wilfried (Hrsg.): Piraten, Swings und Junge Garde. Jugendwiderstand im Nationalsozialismus, Bonn 1991

Bullock, Allan: Hitler. Eine Studie über Tyrannei, Düsseldorf 1967

Bullock, Allan: Hitler und Stalin. Parallele Leben, Berlin 1991

Bund der Vertriebenen: Verletzung von Menschenrechten, Bonn 1980

Bundesministerium für Vertriebene, Flüchtlinge und Kriegsgeschädigte: Dokumente deutscher Kriegsschäden, Bonn 1958–1962

Bundesministerium für Vertriebene, Flüchtlinge und Kriegsgeschädigte (Hrsg.): Dokumentation der Vertreibung der Deutschen aus Ost-Mitteleuropa, bearbeitet von Theodor Schieder, 8 Bde., 3 Beih., Bonn 1953–1962, Taschenbuch-Reprint: München 1984

Churchill, Winston: Reden, Briefe, Telegramme (aus Zeitschriften und Tageszeitungen)

Churchill, Winston: Memoiren, Der Zweite Weltkrieg, Bern 1954

Conquest, Robert: Stalins Völkermord, Wien 1970

Der Prozeß gegen die Hauptkriegsverbrecher vor dem Internationalen Militärgerichtshof. Nürnberg 1947–1949. Sitzungsprotokolle: Bde. I–XXII (abgekürzt: IMT)

De Seversky, Alexander: Victory through Air Power, London 1947

Donauschwäbische Kulturstiftung (Hrsg.): Leidensweg der Deutschen im kommunistischen Jugoslawien, Band I–IV, München, Sindelfingen 1991–1994

Dorthleff, Katharina: Laßt sie selber sprechen, Berichte rußlanddeutscher Aussiedler, Hannover 1978

Douhet, Giulio: Luftherrschaft, Berlin 1935

Duffy, Christopher: Red Storm on the Reich. The Soviet March on Germany, London 1991

Ehrenburg, Ilja: Memoiren, Menschen – Jahre – Leben, 3 Bde., München 1962

Ehrenburg, Ilja: Woina (Der Krieg), 3 Bde. mit den wichtigsten der ca. 3000 Aufrufe und Artikel des Verfassers, Moskau 1943

Eschenburg, Theodor: Jahre der Besatzung. 1945–1949, Stuttgart 1983

Esser, Heinz: Lamsdorf, Dokumentation über ein polnisches Vernichtungslager, Bonn 1971

Fischer, Alexander (Hrsg.): Teheran, Jalta, Potsdam, Köln 1968

Frankland, Noble / Webster, Sir Charles: The Strategic Air Offensive against Germany, 4 Bde., London 1961

Freyberg, Jutta u. a. (Hrsg.): »Wir hatten andere Träume«. Kinder und Jugendliche unter der NS-Diktatur, Frankfurt a. M. 1995

Giordano, Ralph: Die zweite Schuld oder Von der Last, Deutscher zu sein, Hamburg/Zürich 1987

Girbig, Werner: 1000 Tage über Deutschland, München 1964

Goebbels, Joseph: Tagebücher 1945. Die letzten Aufzeichnungen, Hamburg 1977

Gorodetsky, Gabriel: Die große Täuschung. Hitler, Stalin und das Unternehmen Barbarossa, München 2001

Göttinger Arbeitskreis: Dokumente der Menschlichkeit, Würzburg 1960

Grace, Alonzo G.: Basic Principles of Educational Reconstruction in Germany, Berchtesgaden 1948

Grass, Günter: Im Krebsgang, Göttingen 2002

Grau, K.: Schlesisches Inferno, Stuttgart 1966

Greiner, Bernd: Die Morgenthau-Legende. Zur Geschichte eines umstrittenen Plans, Hamburg 1995

Grenfell, Russell: Bedingungsloser Haß?, Tübingen 1954

Grube, Frank/Richter, Gerhard: Flucht und Vertreibung, Deutschland zwischen 1944 und 1947, Hamburg 1981

Gruner, Reinhart: Lizenzpresse – Auftrag und Ende, Berlin 1962

Harris, Sir Arthur: Bomber Offensive, London 1947

Hirsch, Helga: Die Rache der Opfer, Deutsche in polnischen Lagern 1944–1950, Berlin 1998

Hocking, W. E.: Experiment in Education: What we can Learn from Teaching Germany, Chicago 1954

Hoffmann, Joachim: Stalins Vernichtungskrieg 1941–1945, München 1995

Hupka, Herbert (Hrsg.): Letzte Tage in Schlesien, München 1981

IKRK: Die Haager Landkriegsordnung, Genf 1925

Jacksch, Wenzel: Europas Weg nach Potsdam, Stuttgart 1958

Jahn, Peter (Hrsg.): Ilja Ehrenburg und die Deutschen, Berlin 1997

Jahnke, Karl Heinz: Hitlers letztes Aufgebot. Deutsche Jugend im sechsten Kriegsjahr 1944/45, Essen 1993

Jungk, R.: Heller als tausend Sonnen. Das Schicksal der Atomforscher, Stuttgart 1956

Kaps, Johannes: Die Tragödie Schlesiens 1945/46 in Dokumenten, München 1952/53

Karweina, Günter: Der große Treck, Stuttgart/Wien 1958

Kaufman, Theodore N.: Germany must Perish!, Newark, N. J. 1941

Kempowski, Walter: Der Rote Hahn, Dresden im Februar 1945. München 2001

Kittel, Manfred: Die Legende von der »Zweiten Schuld«, Vergangenheitsbewältigung in der Ära Adenauer, Berlin/Frankfurt a. M. 1993

Klier, Freya: Verschleppt ans Ende der Welt, Schicksale deutscher Frauen in sowjetischen Arbeitslagern, Berlin/Frankfurt a. M. 1996

Klönne, Arno: Jugend im Dritten Reich. Die Hitlerjugend und ihre Gegner, Köln 1999

Knopp, Guido: Die große Flucht, München 2001

Knütter, Hans-Helmuth: Emigration und Emigranten als Politikum im Nachkriegsdeutschland, in: Politische Studien, 25 (1974)

Kock, Gerhard: »Der Führer sorgt für unsere Kinder«. Die KLV im Zweiten Weltkrieg, Paderborn 1997

Kopelew, Lew: Aufbewahren für alle Zeit, Hamburg 1976

Koszyk, Kurt: Umerziehung der Deutschen aus britischer Sicht, in: ApuZ, 29 (1987)

Kulturstiftung der deutschen Vertriebenen (Hrsg.): Vertreibung und Vertreibungsverbrechen 1945–1948, Bericht des Bundesarchivs vom 20. Mai 1974, Archivalien und ausgewählte Erlebnisberichte, Bonn 1989

Lang, Jochen von: Krieg der Bomber, Augsburg 1999

Lehndorff, Hans Graf von: Ostpreußisches Tagebuch, München 1980

Levy, David: New Fields of Psychiatry, New York 1947

Loewenheim, Francis L. u. a.: Roosevelt and Churchill. Their Secret Wartime Correspondence, New York 1975

Lübbe, Hermann: Politischer Moralismus. Der Triumph der Gesinnung über die Urteilskraft, Berlin 1987

Mitscherlich, Alexander / Mitscherlich, Margarete: Die Unfähigkeit zu trauern, München 1967 ff.

Mitscherlich, Margarete: Erinnerungsarbeit. Zur Psychoanalyse der Unfähigkeit zu trauern, Frankfurt a. M. 1987

Möller, Horst: Schuld und Verhängnis in der jüngsten deutschen Geschichte – Verengungen unseres Geschichtsbewußtseins, in: Heimat – Tradition – Geschichtsbewußtsein, Studien zur Politischen Bildung, Bd. 11, Konrad-Adenauer-Stiftung (Hrsg.)

Mohler, Armin: Der Nasenring. Die Vergangenheitsbewältigung vor und nach dem Fall der Mauer, München 1991

Morgenthau, Henry: Germany Is Our Problem, New York 1945

Murawski, Erich: Die Eroberung Pommerns durch die Rote Armee, Boppard 1969

Nawratil, Heinz: Schwarzbuch der Vertreibung 1945 bis 1948, München 1999 (völlig überarbeitete Neuauflage von: Vertreibungsverbrechen an Deutschen. Tatbestand – Motive – Bewältigung, München 1982)

Nizer, Louis: What to do with Germany, New York 1944

Noelle-Neumann, Elisabeth/Köcher, Renate: Die verletzte Nation. Über den Versuch der Deutschen, ihren Charakter zu ändern, Stuttgart 1987

Nolte, Ernst: Deutschland und der Kalte Krieg, Stuttgart 1985

Reinoß, Herbert (Hrsg.): Letzte Tage in Ostpreußen, München/Wien 1983

Richter, Werner: Reeducating Germany, Chicago 1945

Rodenberger, Axel: Der Tod von Dresden, Dortmund 1953

Röhl, Klaus Rainer: Deutsches Phrasenlexikon, München 2001

Röhl, Klaus Rainer: Linke Lebenslügen, Der lange Marsch durch die Illusionen, München 2001

Röhl, Klaus Rainer: Nähe zum Gegner. Kommunisten und Nationalsozialisten im Berliner BVG-Streik von 1932, Frankfurt a. M. 1994

Roseman, Mark: Die Wannsee-Konferenz. Wie die NS-Bürokratie den Holocaust organisierte, München 2002

Rothenspieler, Friedrich Wilhelm: Der Gedanke der Kollektivschuld in juristischer Sicht, Berlin 1982

Rumpf, Hans: Das war der Bombenkrieg, Oldenburg – Hamburg 1961

Salomon, Ernst von: Der Fragebogen, Hamburg 1951

Sack, John: Auge um Auge, die Geschichte von Juden, die Rache für den Holocaust suchten, Hamburg 1995

Sander, Heike/Johr, Barbara (Hrsg.): Befreier und Befreite, Krieg, Vergewaltigungen, Kinder, München 1992

Schaffner, Bertram: Fatherland, A Study of Authoritarism in the German Family, New York 1948

Schenk, E. G.: Vom Massenelend der Frauen Europas, Bonn-Bad Godesberg 1988

Schild, Hermann (Hrsg.): Das Morgenthau-Tagebuch, Leoni 1970

Schirach, Baldur von: Die Hitler-Jugend, Idee und Gestalt, Leipzig 1934

Schmidt, Helmut / Schmidt, Hannelore u. a.: Kindheit und Jugend unter Hitler, Berlin 1994

Schön, Heinz: Die »Gustloff«-Katastrophe, Stuttgart 1999

Schöning, Herta/Tautorat, Hans-Georg: Die ostpreußische Tragödie 1944/45, Leer 1985

Schrenck-Notzing, Caspar von: Charakterwäsche, Die amerikanische Besatzung in Deutschland und ihre Folgen, Stuttgart 1971, Neuauflage 1986

Seebacher-Brandt, Brigitte: Die Linke und die Einheit, Berlin 1991

Solschenizyn, Alexander: Ostpreußische Nächte, Darmstadt/ Neuwied 1976

Speer, Albert: Erinnerungen, Berlin 1974

Spengler, Oswald: Der Untergang des Abendlandes. Umrisse einer Morphologie der Weltgeschichte, 2 Bde., München 1918–1922

Spetzler, Eberhard: Luftkrieg und Menschlichkeit, Göttingen/Berlin/Frankfurt a. M. 1956

Statistisches Bundesamt: Die deutschen Vertreibungsverluste, Wiesbaden 1958

Steinbach, Peter: Zur Auseinandersetzung mit nationalsozialistischen Gewaltverbrechen in der Bundesrepublik Deutschland. Ein Beitrag zur politischen Kultur nach 1945, in: GWU, 35 (1984)

Stellrecht, Helmut: Neue Erziehung, Berlin 1942

Strauss, Wolfgang: Unternehmen Barbarossa und der russische Historikerstreit, München 1998

Ströbinger, Rudolf: Roter Kolonialismus, Osnabrück 1981

Stumpp, Karl: Die Rußland-Deutschen, Freilassing 1964

Sudetendeutsches Archiv, Hoffmann, Roland/Hawasko, Alois (Hrsg.): ODSUN. Die Vertreibung der Sudetendeutschen, München 2001

Suworow, Viktor: Der Eisbrecher, Hitler in Stalins Kalkül, Stuttgart 1989

Trautmann, Werner: Tod und Gewalt, Die Vertreibung als völkerrechtliches, politisches, ethisches, soziales und geschichtliches Problem, Tübingen 1989

Trevor-Roper, H. R.: The Last Days of Hitler, London 1950

Veale, F. J. P.: Der Barbarei entgegen, Hamburg 1954

Verdroß, A.: Völkerrecht, Wien 1950

Verrier, Antony: Bomberoffensive gegen Deutschland, Frankfurt a. M. 1970

Weißbuch der Deutschen aus Jugoslawien. Erlebnisberichte 1944–1948, München 1993

Weißmann, Karlheinz: Rückruf in die Geschichte, Die deutsche Herausforderung: Alte Gefahren – Neue Chancen, Berlin/Frankfurt a. M. 1992

Wette Wolfram/Bremer, Ricarda/Vogel, Detlef (Hrsg.): Das letzte halbe Jahr. Stimmungsberichte der Wehrmachtspropaganda 1944/45, Essen 2001

Wilkens, Hans Jürgen von (Hrsg.): Die große Not, Danzig – Westpreußen 1945, Münster 1981

Wolffsohn, Michael: Keine Angst vor Deutschland, Berlin 1992

Zayas, Alfred M. de: Die Anglo-Amerikaner und die Vertreibung der Deutschen, München 1977

Zayas, Alfred M. de/Rabus, Walter: Die Wehrmachtuntersuchungsstelle, unveröffentlichte Akten über alliierte Völkerrechtsverletzungen im Zweiten Weltkrieg, München 1979

Zitelmann, Rainer: Adenauers Gegner. Streiter für die Einheit, Kap. 2: Kurt Schumacher, Erlangen u. a. 1991

Zitelmann, Rainer: Wiedervereinigung und deutscher Selbsthaß. Probleme mit dem eigenen Volk, in: Werner Weidenfeld (Hrsg.), Deutschland. Eine Nation – doppelte Geschichte, Köln 1993

Ziesel, Kurt: Das verlorene Gewissen, München 1958

Zook-Bericht: Der gegenwärtige Stand der Erziehung in Deutschland, München 1946

DANKSAGUNG

Ich danke allen Archiven, die mir bei der Materialsuche halfen, vor allem dem Sudetendeutschen Archiv in München und Walter Kempowski für die Abdruckgenehmigung für die Augenzeugenberichte über Dresden aus seinem Buch »Der Rote Hahn«. Ferner danke ich allen Freunden und Kollegen für die liebenswürdige Beratung und Hilfe bei der Arbeit an diesem Buch, insbesondere Erika Steinbach, Brigitte Seebacher-Brandt, Arnulf Baring, Irmgard Maria Rüdt, Dagmar Schwager, Felix Schecke, Wilhelm Hortmann, Roland J. Hoffmann, Heinz Nawratil und dem Verband der Vertriebenen. Für die große Hilfe und Ermutigung danke ich allen Freunden, die mich unterstützt haben, manche mit mir unbekannten Details, manche mit politischer Zuversicht, manche nur mit einem Lächeln, doch es war viel. Vor allem danke ich Angelika Immerath, die die Texte und Anmerkungen durchgesehen und die Auswahlbibliografie zusammengestellt hat, für ihren unermüdlichen, selbstlosen Einsatz.